collection **marabout service**

Afin de vous informer de toutes ses publications, **marabout** édite des catalogues où sont annoncés, régulièrement, les nombreux ouvrages qui vous intéressent. Vous pouvez les obtenir gracieusement auprès de votre libraire habituel.

Henri Favré a déjà publié, dans la même collection :

— Le guide Marabout de l'aquarium (MS 77),

— L'aquarium d'eau de mer (MS 359),

— Mon premier aquarium (MS 441).

HENRI FAVRÉ
MICHEL TASSIGNY

avec le concours de Jacques Arnoult

Guide marabout de
la santé de l'aquarium

marabout

Illustrations : Michel TASSIGNY

Les auteurs adressent leurs vifs remerciements à Monsieur Claude VAST, Docteur en médecine et éminent aquariophile, pour l'aide précieuse qu'il a bien voulu leur apporter et le contrôle qu'il a exercé au chapitre des remèdes issus de la médecine humaine.

Sommaire

Avant-propos   7
Influences respectives des aquariophilies d'eau douce et
d'eau de mer   10

PREMIÈRE PARTIE — DE LA NATURE A L'AQUARIUM   19

Les eaux   21
Les eaux naturelles   21
Les eaux d'aquarium   50

Les sols   66
Sols d'eau douce   66
Sols marins   72

Les auxiliaires vivants   77
Eaux douces   77
Eaux de mer   97

DEUXIÈME PARTIE — DE L'ACCLIMATATION A LA SANTÉ
DES POISSONS   103

Les techniques d'hygiène   105

L'alimentation   133

Les maladies   166
Les agents pathogènes   169

Les maladies de la nutrition 186
Les maladies aux germes difficilement identifiables 188

Les produits thérapeutiques 193
La pharmacie de l'aquariophile 197
*Tableaux récapitulatifs des maladies, de leurs symptômes
et des thérapeutiques applicables* 216

Les ennemis 230
Ennemis du poisson d'eau douce 231
Ennemis du poisson d'eau de mer 235

L'amateur et les dangers de l'aquarium 238
Les animaux venimeux 238
Les maladies 243

Glossaire 245

Bibliographie 251

Table des matières 253

Avant-propos

Il n'y a pas de poissons malades, il n'y a que des aquariums malades. Voici une affirmation péremptoire qui mérite quelques explications.

L'aquariophilie est un art, qui consiste à conserver des animaux aquatiques vivants dans une enceinte transparente, afin de créer un milieu décoratif pouvant faire l'objet d'une multitude d'observations et d'études.

Assez comparable à l'art floral ou aux arts horticoles, l'aquariophilie ne peut être exercée sans le soutien matériel d'un minimum de technique. Elle demande, dans certains cas, des connaissances aussi grandes que celles nécessaires à l'exercice d'une véritable science. Dans ses formes les plus sophistiquées, elle peut même devenir un art difficile, parfois désigné sous le nom d'aquariologie.

Le succès en aquariophilie est riche de récompenses, parce qu'il satisfait notre pulsion instinctive de communion avec le naturel. Dans notre monde où se perd le contact avec la Nature, l'aquarium représente, outre la vie silencieuse chez soi, le moyen de s'ouvrir une fenêtre personnelle sur un domaine plus ou moins sauvage, qui est plus fascinant que le jardin parce que tout y déroute nos perceptions d'animaux terrestres.

Mais, la réussite exige une condition aussi évidente que

fondamentale : la santé des animaux de l'aquarium, puisque notre but est précisément de les garder vivants. Or, les poissons malades, cela existe. Malheureusement, nous en avons tous eus dans nos aquariums ! Et, c'est pour effacer, de notre environnement, l'image déprimante de leur nage dodelinante et de leur mort, que ce livre a été rédigé.

Quant au postulat que nous avons énoncé, il se comprend dans le sens suivant. Si le poisson que vous êtes certain d'avoir acheté sain devient malade, alors qu'il n'est ni blessé ni sénile, il n'y a qu'une explication : ce sont les mauvaises conditions de votre aquarium qui sont responsables de son état.

On peut certes soigner ce poisson et il faut le faire ! mais, si vous ne corrigez pas parallèlement les conditions d'existence que vous lui imposiez, votre effort sera vain. Comme il sera tout aussi inutile de racheter un nouveau poisson pour combler le vide laissé par une disparition inexpliquée. Le remplaçant est condamné d'avance à disparaître prématurément.

La solution consiste à soigner l'aquarium malade plus encore que le poisson qu'il a contaminé. Or, rendre meilleures les conditions du bac, n'est pas toujours évident. Certains dérèglements sont subtils. Il existe des aquariums, surtout dans le domaine du poisson de mer corallien, qui paraissent parfaits et ne laissent cependant aucune possibilité de survie aux animaux que l'on y introduit.

Faut-il pour autant renoncer à l'aquariophilie après un ou deux échecs désastreux comme cela se voit trop souvent ? Certainement pas ! Il faut analyser les causes de l'échec afin de pouvoir comprendre. Et, pour cela, il faut disposer d'un minimum de bases. Celles-ci sont parfois si pénibles, si rebutantes à acquérir, dans certains livres, que ce n'est plus le poisson mais le lecteur qui risque de ne pas survivre au traitement que la lecture lui inflige !

Dans cet ouvrage, nous avons tenté de faire le point sur le problème, très nettement circoncis, de la santé de l'aquarium. Le sujet n'a été élargi (par exemple, dans la petite fresque brossée au chapitre sur l'histoire des poissons) que lorsque cela facilitait une meilleure compréhension des questions soulevées, lesquelles ne peuvent être bien perçues et bien cernées que grâce à un regard jeté sur leur environnement.

En effet, le problème de la santé du poisson, comme celui de tous les animaux aquatiques, est indissociable de celui du milieu dans lequel il vit. C'est en cela que la santé du poisson devient tributaire de celle de son aquarium. C'est pourquoi, nous avons insisté plus encore sur les conditions générales que sur les méthodes curatives. Nous ne craignons même pas d'affirmer qu'en dernière analyse, à quelques exceptions près, lorsqu'un poisson d'aquarium disparaît, c'est généralement dû à son propriétaire. La maladie la plus grave c'est l'ignorance des aquariophiles.

Pour traiter ces sujets, souvent arides, nous avons utilisé les mots les plus clairs et les plus simples dans tous les cas où cela était possible. Malheureusement, fréquemment, les termes scientifiques au sens précis sont les seuls qui soient justes. On ne peut pas leur substituer des mots du vocabulaire usuel. Dans ce cas, non seulement nous nous sommes efforcés de les expliquer immédiatement par une définition ou de les expliciter par un exemple, mais encore nous les avons repris dans un «glossaire» en fin d'ouvrage[1].

[1] Les termes de ce glossaire sont signalés dans le texte par un astérisque. Vous trouverez également, mentionnées entre parenthèses, les indications MS 77 et MS 359 vous renvoyant respectivement aux *«Guide Marabout de l'aquarium»* et *«Guide Marabout de l'aquarium d'eau de mer»*.

Influences respectives des aquariophilies d'eau douce et d'eau de mer

Au niveau de la santé de l'aquarium, il y a relativement peu de différences entre l'aquariophilie d'eau douce et celle d'eau de mer car toutes deux sont axées sur une base commune : la physiologie du poisson.

On s'est souvent demandé si les premiers poissons vivaient dans les eaux marines ou dans les eaux douces. Cette question est loin d'être résolue et dans le rapide tour d'horizon des époques géologiques, que nous allons devoir faire pour comprendre leur histoire, nous montrerons l'importance que l'habitat eut sur leur évolution.

HISTOIRE DE LA TERRE

Les premières eaux

L'histoire de la Terre est divisée en périodes déterminées d'après les grands bouleversements des faunes fossiles. On a pensé longtemps que ces grands désordres correspondaient à de véritables cataclysmes planétaires et l'on concevait l'évolution mondiale comme «catastrophique». Aujourd'hui, on est parvenu à concevoir une évolution beaucoup moins dramatique et même pratiquement régulière bien que la Terre soit passée par des périodes de variations climatiques certaines.

Il y a quatre milliards d'années environ, notre planète était une masse en fusion, issue probablement de gaz échappés du soleil, un ou deux milliards d'années auparavant. Elle ne se refroidit que lentement et c'est par étapes successives qu'elle s'est revêtue d'une «écorce» suffisamment froide pour que des précipitations, dues à la condensation atmosphérique, permettent la formation des mers, des lacs et des cours d'eau.

Dès qu'il y eut contact entre les matériaux du sol et les premières eaux, celles-ci commencèrent à se «saler» progressivement. Ce serait donc, par suite du ruissellement consécutif au «lessivage» des continents, que les eaux des mers primitives se seraient chargées peu à peu de la trentaine de grammes par litre des différents sels qui distinguent l'eau de mer de l'eau douce.

Les eaux marines actuelles — elles couvrent les 7/10mes de notre planète — s'étant de plus en plus salées, l'âge d'un fossile marin ne permet pas de préciser la salinité de l'eau dans laquelle il vivait. Tout au plus, peut-on dire, chaque fois que l'on considère un organisme marin ancien, qu'il vivait dans une eau plus douce que son éventuel descendant actuel. Les premiers organismes apparus approximativement il y a 3 milliards d'années, vivaient dans une eau sans doute plutôt douce, alors que les premiers poissons venus au monde, il y a 500 millions d'années, vivaient probablement dans une eau sensiblement plus salée.

Epoque primaire : les premiers poissons

● Les premiers poissons apparurent sur Terre à la fin de l'une des subdivisions de l'ère primaire, la *période* dite «*ordovicienne*» soit, rappelons-le, il y a environ 500 millions d'années.

Pour se faire une idée par une analogie, si la Terre avait 1 an d'existence, son histoire se présenterait comme suit :

1er janvier - o h :	ère précambrienne	— naissance de notre planète
1 septembre :	ère précambrienne	— apparition des premières algues photo-synthétiques
21 novembre :	début de l'ère primaire	— trilobites, fougères arborescentes, **poissons cuirassés**
19 décembre :	début de l'ère secondaire	— ammonites et grands reptiles (dino-saures)
27 décembre :	début de l'ère ter-tiaire	— règne des mammi-fères et des **poissons modernes**
31 décembre — 22 h et 20 mn	ère quaternaire	— apparition de l'homme
31 décembre — 23 h 59 mn et 30 s	idem	— construction des pyramides
31 décembre — 24 h :	ce jour	— publication de «La santé de l'aquarium»

Les premiers poissons sont donc arrivés tardivement. Ils ne sont pas nés dans une eau de mer aussi salée que l'actuelle, mais dans un océan vieux de trois milliards d'années, déjà relativement enrichi en sel.

Ces poissons primitifs n'étaient pas semblables à ceux que nous connaissons. Parmi les descendants directs les plus fami-liers de ces «faux poissons sans mâchoire», on peut citer la lamproie, connue de tous les gastronomes, ainsi que certains poissons pulmonés tels les *Protoptères* appréciés par une petite minorité d'aquariophiles.

● A la période suivant l'Ordovicien, c'est-à-dire au *Silurien*[1], les poissons sont déjà abondants. Ils ont entrepris la conquête du monde. Dès cette lointaine époque du primaire, apparurent les ancêtres des requins, des raies et le très célèbre Coelacanthe (espèce dite ovovivipare dont les œufs atteignent la taille d'une balle de tennis).

● Pour nous, aquariophiles, une étape beaucoup plus importante se situe immédiatement après. Disons qu'elle commence dès le début de la période du *Dévonien*, il y a environ 400 millions d'années, pour se terminer à la fin du carbonifère, il y a 300 millions d'années.

Que s'est-il donc passé durant ces 100 millions d'années?... En quoi des événements aussi lointains peuvent-ils bien concerner la santé de l'aquarium?

C'est que sur les continents, cette période correspond au grand marais qui engendra nos réserves actuelles de charbon. Il faut imaginer le paysage de cette époque comme une dense forêt marécageuse couverte de fougères et de prêles géantes et couvrant des continents entiers. C'est un milieu d'eau douce, extrêmement fragmenté dans lequel les poissons sont partout aux côtés des libellules de trente centimètres d'envergure et des premiers batraciens qui tentent l'aventure terrestre.

En bref, on peut concevoir à partir de cette situation, d'une part des océans moins salés que ceux d'aujourd'hui et d'autre part (nous allions dire face à face) des continents envahis par le marais et la forêt humide. Or, on sait grâce aux théories modernes de l'évolution et, en particulier, à la lumière des travaux de Ernst Mayr, que l'isolement géographique de populations animales est le facteur le plus important sinon le facteur fondamental de la naissance d'espèces nouvelles.

● Bien sûr, au *Carbonifère*, les poissons colonisent les conti-

[1] Notons que la période silurienne ne doit pas son nom aux poissons (silure = poisson-chat) mais à une ancienne tribu des frontières du Pays de Galles.

nents sur lesquels ils s'éparpillent et s'isolent en une infinité de milieux. On assiste d'abord à la prolifération des populations, puis à leur spécialisation et enfin à leur éclatement en une multitude d'espèces.

Certaines vont reconquérir le milieu marin et c'est ainsi qu'au seuil du secondaire, les océans sont miraculeusement peuplés de poissons modernes. Ces derniers n'ont pas pu évoluer en ces mers trop stables où subsistent encore des formes reliques des époques précédentes. Elles proviennent donc bien en grande partie des eaux douces des continents.

Par exemple, les grands poissons osseux : les *Chronoptérygiens*, que l'on retrouve fossilisés dans les formations dévoniennes vivaient, semble-t-il, dans des eaux douces et avaient une double respiration, comme de nos jours le «*combattant*» dans nos aquariums (cf. MS 77).

En pratique, il n'y a qu'une chose à retenir : si l'on ne peut pas trancher et affirmer que la plupart des poissons marins modernes descendent d'espèces d'eau douce, on peut constater que les arguments vont dans ce sens.

Epoque secondaire

Au secondaire, les quatre ordres dont se compose la classe des poissons ont des destinées différentes. Les requins se diversifient, les *Ganoïdes* archaïques se stabilisent sous la forme des esturgeons, et les poissons pulmonés se réfugient définitivement dans les eaux douces qu'ils occupent actuellement.

Tous régressent devant les poissons épineux modernes dits *Téléostéens* et sans doute issus de marais d'eau douce du Carbonifère, ce sont eux qui désormais tiendront partout le haut du pavé et ce jusqu'en nos aquariums d'eau douce comme d'eau de mer.

Epoques modernes

Au *Tertiaire*, la stabilisation s'est si bien accomplie que pratiquement on ne constate plus d'évolution sensible, pas plus que durant l'ère quaternaire.

Les espèces actuellement localisées dans les mers chaudes ou dans les eaux douces tropicales existaient. Certes, elles habitaient des régions beaucoup plus septentrionales telles que : l'Amérique du Nord, l'Asie et l'Europe. **Mais, c'était déjà les poissons d'aujourd'hui.**

Avec une répartition géographique différente, on retrouvait ici des anguilles, des carpes et des tanches, là des goujons et des brochets, les premiers se retrouvant très souvent comme actuellement, dans le ventre des seconds. Ailleurs, on découvrait des thons, des poissons plats, etc., c'est-à-dire des espèces dont certaines vivent aujourd'hui en eau douce et d'autres en eau de mer.

De ce bref coup de projecteur sur le passé, le plus lointain, il résulte donc que la différenciation des vertébrés aquatiques s'est faite vraisemblablement dans des eaux douces. C'est progressivement que certains groupes et genres de poissons modernes se seraient aventurés à nouveau dans des eaux saumâtres, puis de plus en plus salées.

Et, s'il est évident que certains sujets n'ont acquis la plénitude de leur développement que dans le milieu marin, il n'en demeure pas moins curieux de noter que, de nos jours encore, certaines variétés de requins et de poissons plats tels que raies et soles vivent en eau douce. C'est bien l'indice de passages constants entre ces deux milieux.

Toutes ces remarques permettent de faire cette observation capitale : *les poissons d'eau douce et d'eau de mer sont indissociables et c'est la raison pour laquelle ce guide évoquera la santé des uns comme celle des autres.*

RAPPORTS ACTUELS ENTRE L'EAU DOUCE ET L'EAU DE MER

Il est difficile de préciser le nombre des espèces de poissons qui peuplent actuellement les eaux du globe. Les chiffres cités depuis 1960, par plusieurs spécialistes diffèrent considérablement. Ils oscillent entre 15.000 et 40.000. L'estimation plus prudente de Cohen en 1970, donnant un chiffre total de 20.000 espèces, paraît être la plus proche de la réalité. Cet auteur, dans le schéma très parlant que nous reproduisons ci-dessous montre le pourcentage qui existe entre les espèces d'eaux douces et marines.

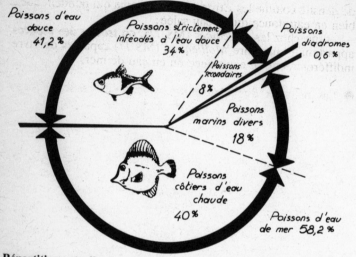

Répartition actuelle des groupes écologiques de poissons.

● **Les poissons peuplant les eaux douces** représentent 41,2 % des espèces.

○ Parmi eux, l'aquariophile remarque avec intérêt les poissons dits «**primaires**», ces véritables fossiles vivants que sont les *Calamoichtys* et les *Protoptères*. Ces derniers poissons des marais africains, non seulement utilisent pour respirer à la surface des branchies et des poumons, mais encore se mettent à l'abri dans un cocon de mucus quand leur habitat est desséché.

○ Les poissons dits «**secondaires**», vivent essentiellement en eau douce mais peuvent s'aventurer dans l'eau de mer pendant un certain temps. Leur nombre limité représente 8 %.

Dans ce groupe l'on trouve des espèces qui intéressent l'aquariophilie :

— les membres de la famille des *Cyprinodontidés* (cf. MS 77) dont une partie comme certains Fundulus ne quittent plus le milieu marin;

— dans une autre famille, celle des *Cichlidés* (MS 77), on découvre des poissons très accommodants aux changements de densité comme les Etropus et les Tilapia qui pondent aussi bien en eau douce qu'en eau salée;

— enfin, chez les *Poecilidés* (MS 77), on trouve des espèces appartenant au genre *Mollienesia* (MS 77) capables de vivre indifféremment en eau douce ou en eau de mer.

● **Les poissons** dits **diadromes** parce qu'ils passent facilement de l'eau douce à l'eau de mer. Dans ce groupe, qui compte 0,6 % des espèces, l'on trouve à la fois :

— les anguilles, qui naissent en mer et remontent dans les eaux douces;

— les saumons qui, au contraire, pondent et passent leur jeunesse en eau douce avant de gagner la mer pour une période de trois ans et demi, au terme de laquelle ils reviennent pondre dans leur rivière natale.

● **Les poissons de mer** représentent 58,2 % des espèces. Leur majorité, soit 40 % de l'ensemble de ces poissons, sont des animaux d'eaux côtières chaudes parmi lesquelles se retrouvent les espèces intéressant l'aquariophilie marine.

QU'EN CONCLURE ?

Le regard que nous venons de porter sur les origines, la répartition des poissons et éventuellement leurs migrations est un élément d'appréciation dans les soins qu'il convient parfois de leur donner.

Dans une certaine mesure, il aide à comprendre les réactions positives des poissons d'eau de mer envers des thérapeutiques telles qu'un abaissement du taux de salinité : ou, à l'inverse, les réactions d'un poisson d'eau douce face à un traitement au sel ou à l'eau de mer.

● **Conséquences**

○ *Chez le poisson d'eau douce*

Le poisson d'eau douce possède dans son sang un pourcentage de sel plus élevé que celui de l'eau dans laquelle il vit. Comme l'eau dans laquelle il nage pénètre jusqu'à ses muqueuses par sa bouche et ses opercules, pour maintenir son équilibre physiologique, il doit excréter constamment l'eau en excès dans son corps.

Il en résulte par conséquent que lorsqu'on soigne un poisson d'eau douce en le faisant vivre en eau saumâtre, on joue sur 2 tableaux :

1° — Il reçoit des sels minéraux sans avoir à excréter constamment l'eau de son corps ;

2° — Le sel détruit, ou affaiblit, bon nombre de parasites externes.

○ *Chez le poisson d'eau de mer*

Le poisson de mer connaît le problème inverse. Il perd constamment son eau douce, il se déshydrate au profit du milieu salé. Il doit donc avaler sans cesse de l'eau, sous peine de se retrouver ratatiné comme un fruit sec ! Quant aux sels, il lui faut les éliminer. Ils le seront par l'intestin et les branchies, mais leur évacuation représente pour son organisme, un effort et donc une fatigue.

Il en découle que chez les sujets malades et présentant des signes très nets de lassitude, on a constaté des rétablissements presque miraculeux par adjonction brutale d'eau douce. Là encore, le résultat obtenu est double :

1° — Il y a amélioration du métabolisme du poisson parce qu'il a moins de sels minéraux à éliminer de son corps ;

2° — Il y a baisse de virulence des parasites qui se trouvent affaiblis.

○ La même remarque ayant été faite ci-dessus pour les poissons d'eau douce, cela veut dire que :

— les parasites d'eau douce et d'eau de mer ne sont pas identiques,

— ceux d'eau douce souffrent dans une eau dont on remonte la densité,

— ceux d'eau de mer souffrent dans une eau que l'on a adoucie...

A l'aquariophilie d'exploiter cette situation.

PREMIÈRE PARTIE

De la nature à l'aquarium

Les eaux

Les eaux naturelles

Ainsi que bon nombre d'aquariophiles le savent, on peut élever un poisson tropical dans une eau de qualité différente de celle du milieu d'origine. Sans cette possibilité, souvent qualifiée de marge d'acclimatation, il n'y aurait vraisemblablement pas d'aquariophilie possible.

Cependant, trop s'écarter de la qualité de l'eau originelle d'un poisson : c'est compromettre à coup sûr sa santé, nous sommes donc pris entre deux alternatives :
— s'épuiser à tenter de recréer un milieu naturel trop subtil et aux caractéristiques souvent mal connues ;
— risquer de trop s'en écarter.

Ceci étant observé, il faut encore constater qu'il n'y a pas d'a priori permettant de distinguer les espèces tolérantes des autres, on peut, tout au plus, prétendre que les poissons les plus inféodés à leurs eaux naturelles sont ceux des espèces réputées les plus difficiles... alors que celles habitant un milieu très diversifié, ne serait-ce qu'à cause de son étendue, manifestent des exigences beaucoup moins strictes. Et l'on dit que ce sont des espèces faciles.

Cependant, la vérité oblige à confesser que seule l'expérience nous permet de distinguer les espèces non fragiles de celles délicates à acclimater. Aussi, plutôt que de dresser des listes, toujours variables et toujours critiquables d'espèces faciles et non faciles, il vaut mieux tenter d'expliquer pourquoi des espèces supportent allègrement, en aquarium, des eaux ayant des caractéristiques telles que si ce genre de «soupes» existait dans la nature, aucun poisson n'y vivrait...

Il faut expliquer aussi pourquoi certaines limites sont

impératives. Comprendre les mécanismes conduisant les espèces en captivité à avoir des exigences, ce n'est pas toujours disposer des moyens de répondre à leurs besoins, mais c'est faire un premier et un grand pas dans cette direction.

LES LIMITES D'ÉVOLUTION DES POISSONS

Comme nous le soulignerons tout au long de ce livre, l'ABC de la santé de l'aquarium, c'est savoir adapter un poisson à son milieu d'aquarium. Le poisson adapté résiste spontanément à toutes les maladies, le poisson mal adapté ne survit pas, quelles que soient les raisons de sa non-adaptation.

C'est pourquoi, on observe souvent, au milieu de poissons sains, des sujets malades et théoriquement contagieux, qui ne parviennent pas à contaminer leurs compagnons de bacs.

La limite impérative

C'est la limite génétique de l'animal : on ne fait pas d'un poisson d'eau chaude un poisson d'eau froide. Même si parfois on peut l'adapter à des eaux de quelques degrés inférieurs à la norme, au prix bien sûr de son épanouissement.

● C'est la limite génétique parce que n'importe quel animal sauvage a quelques centaines de milliers d'années d'adaptation à son milieu d'origine. Il est inféodé aux conditions précises imposées par la **sélection naturelle.**

La dite sélection naturelle ne frappe pas les êtres vivants de la manière dont on l'envisageait au début du siècle. Bien sûr, l'individu mal formé est éliminé à la naissance, c'est le cas extrême, mais celui qui est simplement mal adapté survit et même se reproduit pourvu que, par chance, il ne connaisse pas de périodes trop difficiles.

● A la vérité, c'est sur le **potentiel de reproduction** des populations que la sélection naturelle agit d'une manière, non pas aveugle, mais statistique.

Dans la nature, comme dans l'aquarium, beaucoup de poissons survivent et même vivent très bien dans des eaux où cependant ils sont incapables de se reproduire. Pour l'espèce, ils sont perdus en tant que reproducteurs. Pour la sélection, ils sont aussi inexistants que s'ils étaient morts ; mais en pratique et au niveau individuel, ils sont vivants.

● **En aquarium**, la limite impérative va se dédoubler et l'on observera :

— dans un premier temps, le point limite de non-respect des conditions nécessaires au poisson, *au-delà duquel il ne se reproduira plus* ;

— dans un deuxième temps, ce qui est plus grave, le point limite, de non-respect de ces mêmes conditions, *au-delà duquel il ne peut plus survivre.*

Mais attention ! cet équilibre est subtil car les conditions précitées résultent de plusieurs paramètres dont certains se compensent : c'est ainsi que la résistance du poisson face à une mauvaise qualité chimique de l'eau n'est pas la même à 22 et à 25° C.

● **Que faut-il retenir de ces observations ?**

Que si l'on peut toujours tenter le diable et essayer de dépasser ces limites impératives, il faut savoir qu'en pratique et à long terme, c'est toujours une mauvaise affaire.

La limite biocénotique*

● Ce mot s'explique aisément par une référence au **monde végétal**. Et, ceci simplement parce que les exemples de compétition végétale sont plus nombreux à être connus que les exemples de rivalité animale, ou sinon mieux connus du moins plus simples.

C'est ainsi que dans le domaine maritime, face aux côtes de France, il y a entre deux algues une compétition, d'autant plus serrée que ces algues sont très proches l'une de l'autre. Il s'agit de *Laminaria digitata* et de *Laminaria rigida*.

Laminaria digitata est cantonnée dans la zone des marées, l'étage inférieur lui étant interdit parce que *Laminaria rigida*, de croissance plus rapide, l'en exclut.

Tout au contraire, *Laminaria rigida* ne peut pas pénétrer dans la zone des marées parce que, étant précisément trop rigide, elle ne se couche pas dans les flaques subsistantes et sèche au vent.

L'impossibilité que connaît *L. rigida* résulte d'une raison physiologique : c'est une **limite impérative.**

Si l'on extirpait *L. digitata* des zones des marées, le rocher resterait nu ou serait colonisé par d'autres espèces.

De son côté, *L. digitata* ne peut pas pénétrer en eau profonde où elle est trop concurrencée par *L. rigida* à croissance rapide. Si, par hypothèse, on supprimait *L. rigida* des espaces qu'elle occupe, *L. digitata* n'étant plus en compétition pourrait s'étendre sur ces espaces à laminaires (algue brune des côtes rocheuses) restés vacants.

La limite d'expansion de *L. digitata* est imposée par la rivalité entre les espèces : c'est une **limite biocénotique.**

● On a tendance à dire, en raisonnant trop vite, qu'un poisson sauvage ne peut pas pénétrer dans certains milieux parce qu'il y rencontre un prédateur trop dangereux. C'est faux ! il y a toujours équilibre mathématique entre les populations, notamment entre le nombre des prédateurs et celui des proies ; du moins tant que l'écologie du milieu n'est pas bouleversée par l'activité humaine.

Quel est donc l'animal qui va imposer une limite biocénotique d'expansion à un autre individu ? L'écologie nous apprend que c'est son compétiteur de la même espèce ; c'est ce que l'on appelle la **loi de Gause** : elle nous enseigne que dans la nature, entre deux populations concurrentes, celle qui se reproduit le plus vite, supplante immanquablement l'autre.

● Mais, cette règle stricte en milieu naturel n'est pas transposable à *l'univers particulier d'un aquarium.*

Dans ce dernier, un poisson peut supporter des conditions très différentes. Surtout, si le sujet de la compétition (par exemple la nourriture) est éliminé par le seul fait que le soigneur veille à satisfaire l'appétit de tous et de chacun.

D'ailleurs, on observe en aquarium que les compétiteurs s'ignorent car la compétition biocénotique axée sur la rapidité reproductrice est une affaire qui se règle entre des populations et non pas entre des individus rassemblés artificiellement.

● En fait, et en pratique, **que faut-il retenir de ces remarques ?**

Que, chaque fois que, dans la nature, un poisson se cantonne dans des eaux très caractéristiques pour des raisons biocénotiques, on peut en aquarium lui donner des conditions très éloignées, de celles de son milieu d'origine.

Si, dans la nature, un poisson se confine toujours dans le même type d'eau bien déterminé, c'est sans doute qu'il ne peut pas en sortir. Alors que s'il se cantonne par endroits, dans des lieux géographiques précis mais de qualités différentes pour ne pas dire hétérogènes, c'est sans doute tout simplement que ses compétiteurs lui interdisent de s'en échapper.

LES MILIEUX D'EAU DOUCE

L'eau est le milieu vital du poisson, dans ce sens qu'il est, à la fois, porteur et nourricier. La qualité d'une eau naturelle dépend de multiples facteurs dont l'importance n'est pas égale.

Par nécessité, puisque l'aquariophile n'a pas les moyens de prendre en considération l'ensemble de ces facteurs, il ne retiendra que les plus essentiels, ou parfois même un unique résultant de l'addition de plusieurs.

Par exemple, il serait illusoire de tenter de considérer un par un chaque élément minéral en solution dans l'eau : cela dépasse d'ailleurs les moyens d'investigation usuels. Il suffit de connaître la minéralisation totale, laquelle est la résultante ou, en d'autres termes, la somme des différents éléments qui la composent.

Comme, normalement, les eaux naturelles ne sont pas déséquilibrées au niveau de la composition des sels en solution, on peut admettre qu'aucun des sels qu'elles contiennent n'est présent en excès. Si cela se produit, c'est un cas exceptionnel ou un cas aberrant engendré par la pollution.

Nous verrons plus tard comment mesurer cette minéralisation totale et l'interpréter. Quels sont dans l'immédiat les **facteurs physicochimiques** les plus importants des eaux douces ?

Sans vouloir les classer par ordre hiérarchique, ce sont :
— la minéralisation totale,
— la dureté totale,
— la température,
— la transparence,
— le pH,
— l'humification,
— la pérennité.

Si nous voulions décrire toutes les catégories de milieux naturels résultant du brassage des combinaisons de ces 7 paramètres, nous serions contraints de décrire une infinité de milieux dont certains sans intérêt pour l'aquariophilie.

Par exemple, il existe des eaux naturelles issues de tourbières, dont certaines sont même alcalines, qui contiennent plus de 400 mg/l de sels dissous. Elles ont un pH de plus de 10 et sont colorées comme du café, par les produits de la dégradation de l'humus. On trouve de telles eaux même en France !, mais ce n'est pas le domaine du poisson d'aquarium et, de ce fait, elles ne nous intéressent pas et nous n'en parlerons plus.

Mieux vaut, pour le moment, considérer chacun de ces facteurs en particulier puis tenter de comprendre en quoi leurs interactions réciproques forment dans la Nature des milieux privilégiés.

La minéralisation totale

L'eau que l'on rencontre dans le milieu naturel n'est pas

pure, elle a dissous des matières minérales et organiques.

L'eau absolument pure, l'eau distillée recueillie en flacon de verre, dans laquelle d'ailleurs aucun poisson ne pourrait vivre, est terriblement agressive. Elle est très légèrement acide car elle a dissous ou solubilisé l'acide carbonique de l'air. C'est un solvant actif.

L'eau distillée naturelle, c'est-à-dire l'eau de pluie, a les mêmes propriétés, elle attaque les roches sur lesquelles elle ruisselle.

Il faut considérer chaque eau naturelle comme ayant descendu un escalier. Les eaux avales, celles du bas des marches, sont restées longtemps en contact avec les matières minérales du sol sur lesquelles elles ont ruisselé. Elles sont plus chargées que celles d'en haut, c'est la loi générale. Bien sûr, cependant, la nature du sol entre en jeu : la Seine sur 100 km dissout plus de calcaire que l'Amazone sur 1000!

Le bas de l'escalier c'est la mer où toutes les substances minérales se concentrent. Quant à leur solvant, l'eau, il est recyclé par l'évaporation qui se condense ensuite sous forme de nuages générateurs des futures pluies.

Le cycle de l'eau.

● **Comment mesurer la minéralisation d'une eau?**

La minéralisation totale de l'eau douce se mesure par sa conductivité car plus elle a dissous de sels minéraux, mieux elle conduit l'électricité (la mesure s'effectue grâce à un galvanomètre).

Ce paramètre permet de «typer» parfaitement une eau; malheureusement, il est traditionnellement oublié de l'aquariophilie, sans doute parce que, jusqu'à une période récente, le conductivimètre était un appareil onéreux.

La dureté totale

A défaut de mesurer la minéralisation totale, les aquariophiles mesurent la dureté de l'eau. Cette dernière correspond à l'ensemble des sels de calcium et de magnésium contenus dans l'eau. Très généralement, dans nos régions où le calcium est le principal sel dissous, la dureté est proportionnelle à la minéralisation totale.

La dureté d'une eau s'exprime en *degrés hydrotimétriques* (degrés **T.H.,** ex D.H.). La normalisation n'est pas internationale en ce domaine, et il y a différents degrés : français, allemand, anglais, américain.

Le degré hydrotimétrique français correspond à 10 mg/l de Ca CO_3 soit 10 milligrammes par litre de bicarbonate de calcium ou 4 mg/l de Ca soit 4 milligrammes par litre de calcium.

Une eau d'aquarium très douce titre moins de 4° T.H., une eau très dure, plus de 25° T.H.[1]. Au-delà de 10 à 15° T.H., les plantes de l'aquarium ont des difficultés à croître, car pratiquement, elles sont toutes originaires d'eaux très douces.

Le respect de la dureté de l'eau est donc très utile en

---

[1]. On distingue les eaux douces, peu calcaires et peu magnésiennes, des eaux dures calcaires et magnésiennes.

Il ne faut donc pas confondre les eaux douces opposées aux eaux marines et qui sont sans sel marin avec les eaux douces opposées aux eaux dures et qui sont sans calcium et magnésium.

aquarium d'eau douce : il sauvegarde la santé des plantes et celle de nombreux poissons. Cependant, il faut savoir au sujet de ces mesures de dureté que les eaux tropicales sont généralement plus magnésiennes que calcaires, c'est-à-dire plus riches en magnésium qu'en calcium, alors que c'est l'inverse pour les eaux d'Europe Occidentale avec lesquelles nous remplissons nos aquariums.

Cela veut dire que si l'on recrée un milieu tropical en partant de l'eau du robinet et en se basant sur la dureté connue de ce milieu grâce à la littérature, on risque d'introduire du calcium là où il faudrait du magnésium car l'un et l'autre de ces éléments sont confondus dans la mesure de la dureté totale.

Ce n'est pas très grave compte tenu que presque tous les poissons d'aquarium proviennent d'eaux peu minéralisées donc douces. C'est généralement **l'excès de dureté** qu'il faut combattre en recherchant la pauvreté, aussi bien en calcium qu'en magnésium.

Ce qui importe c'est de maintenir l'élément que l'on souhaite éliminer à un bas niveau. Il faut y songer lorsque l'on veut élever des poissons tropicaux que l'on croit d'eau calcaire alors qu'ils sont originaires d'eaux magnésiennes. Là réside peut-être la cause pour laquelle certains ne s'épanouissent pas, alors que la dureté totale de l'eau est respectée.

La dureté se mesure :
— soit par des méthodes de laboratoires (exemple : méthode complexométrique) qui sont hors de portée de l'aquariophile et d'une précision inutile ;
— soit en utilisant une éprouvette graduée dans laquelle on fait mousser une solution de savon étalonnée : plus l'eau est dure, moins elle mousse (On peut trouver le matériel nécessaire à cette opération chez les fournisseurs de matériel pour laboratoires). Cette méthode, pas assez précise pour des travaux scientifiques fins, est très suffisante pour les besoins des aquariums ;
— soit enfin et surtout, par l'utilisation d'un des «kits» vendus dans les magasins d'aquariophilie, cette solution présentant l'avantage d'une extrême facilité. Les instructions par-

fois légèrement variables selon les marques sont évidemment données avec chaque appareillage.

La température

La température est un facteur fondamental qu'il faut savoir contrôler dans n'importe quel élevage.

Réguler et surveiller la climatisation d'un aquarium est aujourd'hui extrêmement facile (cf. MS 77), ne pas le faire est inexcusable et ne peut entraîner que des déboires. Il est souvent possible, par exemple dans un esprit d'économie, de conserver un poisson dans les eaux les plus froides qu'il puisse supporter, mais il ne peut résulter de cette pratique qu'un poisson malade en puissance et, à son niveau, parler de la santé de l'aquarium n'a plus de sens.

Ce qu'il importe de savoir, c'est que **les eaux douces naturelles n'ont pas, comme celles de l'aquarium, une température stable.**

Les eaux, d'où proviennent les poissons, se refroidissent parfois considérablement la nuit, c'est-à-dire que la température peut tomber de 10 °C. Il n'est plus alors évident que l'utilisation d'un thermostat bien réglé, qui garde le poisson dans le cocon douillet d'une ambiance régulée au degré près, soit la circonstance la plus favorable à la santé de l'animal. Une légère variation entre les périodes d'activité diurne et celles de sommeil nocturne, est plus naturelle.

A dépense d'électricité égale, il est préférable qu'une partie importante du chauffage soit due au dégagement de chaleur des tubes d'éclairage. Le thermostat, réglé bas, ne sert plus qu'à éviter un refroidissement excessif, en stoppant la baisse de température au minimum désiré et programmé.

A notre époque, avec les petits interrupteurs horaires bon marché, toutes les subtilités de tels systèmes sont possibles.

Cependant, il est bon de se souvenir que les variations de température, qui sont souhaitables pour un grand bac, peuvent être indésirables dans un très petit. L'exiguïté d'un habitat entraînant un accroissement de frilosité.

Par ailleurs, la règle qu'il faut garder en mémoire est que

dans la nature, à égalité de latitude, plus un plan d'eau est petit, plus les écarts de température entre le jour et la nuit sont importants, ou mieux, plus il est petit, plus il enregistre des variations thermiques.

Cela entraîne comme conséquence que, s'il est bon de prévoir des chutes nocturnes de température dans les bacs contenant des espèces de petites mares (type *Aphyosemion; cf. MS 77), il en va tout autrement dans le cas des espèces des grands lacs (type Malawi-Tanganyika,* MS 77), où le milieu naturel est stable de par son volume et sa profondeur.

La transparence

L'eau de l'aquarium doit être cristalline pour des raisons d'esthétique, mais dans la nature les eaux douces limpides sont rares. Par définition donc, l'aquariophile triche d'emblée lorsqu'il reconstitue un milieu naturel.

Mais, quels sont les différents facteurs assombrissant les eaux naturelles ? Quels sont ceux devant être respectés dans certains cas pour le bien-être des poissons ?

Trois facteurs obscurcissent les eaux douces naturelles : l'éclairement, la turbidité et la couleur de l'eau.

● L'éclairement

○ *Une eau limpide peu éclairée* forme un milieu dans lequel les animaux sont peu visibles. C'est le cas des eaux souterraines entièrement plongées dans l'obscurité et celui des eaux forestières que le soleil n'atteint pas puisqu'il est occulté par les frondaisons.

○ *Le cas des eaux souterraines* n'intéresse l'aquariophilie que pour un unique poisson *Anoptichthys jordani* (dit aussi *Astyanax jordani*. Cette espèce aveugle est indifférente à l'éclairement. On peut donc laisser les eaux souterraines de côté.

○ *Restent les eaux obscurcies par l'épaisseur de la végétation terrestre surplombant le milieu.* Ces eaux ont 2 caractéristiques qui les distinguent de celles qui cheminent à terrain découvert dans les mêmes zones géographiques : elles sont plus froides par manque d'ensoleillement. Elles sont dépourvues de plantes aquatiques du fait de l'insuffisance de la lumière. Il en résulte que les seules cachettes disponibles sont essentiellement constituées de bois morts.

Les poissons d'aquarium qui vivent dans la nature en de tels milieux sont des petites espèces qui séjournent à proximité des refuges. En captivité, la reconstitution de ces abris ou de leur équivalent est indispensable à l'équilibre psychique de ces poissons.

Le même raisonnement, les mêmes observations peuvent être élargis aux petites espèces littorales des milieux lacustres aux rives encombrées de refuges constitués par l'accumulation de minéraux, de souches ou de plantes aquatiques.

○ *En tout endroit où des milieux sombres voisinent avec des milieux éclairés,* les poissons de rive doivent être considérés a priori comme ayant besoin de la proximité immédiate de cachettes pour pouvoir s'épanouir et même pour rester dans des conditions écologiques propres à leur conserver la santé.

On observe constamment en aquarium des poissons, qui décolorés, confinés dans un angle du bac se nourrissent mal et finissent par mourir ; alors que la simple présence d'un refuge, que généralement ils utilisent peu, mais qui les sécurise, suffit à leur rendre un comportement normal.

○ A l'inverse du comportement des poissons de rives, *dans le courant des grands cours d'eau et dans les zones dégagées des grands lacs,* on trouve des espèces de poissons argentés et à nage rapide qui se dissimulent dans les jeux de lumière. Ces animaux sont grégaires, c'est-à-dire qu'ils forment des bancs dont les mouvements internes contribuent à désorienter un éventuel prédateur. Ils sont sans exigence particulière sinon qu'il leur est nécessaire d'évoluer dans de vastes espaces. Pour cette raison, ils sont mal adaptés à la vie dans des aquariums qui ne seraient pas conçus en fonction de leurs besoins.

● **La turbidité**

La turbidité caractérise une eau dont la transparence est réduite par des matières en suspension. C'est donc un facteur qui vient réduire l'éclairement général du milieu. Selon que les eaux sont fluviales ou lacustres, les matières en suspension, responsables de la turbidité seront d'origines différentes.

○ *Dans les fleuves et les rivières,* le trouble résulte surtout des matières minérales entraînées par le courant. La turbidité sera donc variable en fonction des crues et des moussons.

Les poissons vivant directement dans le lit des fleuves sont donc habitués à des variations de turbidité et n'en souffrent pas.

Ils peuvent être transférés sans inconvénient dans les eaux de l'aquarium. Il en est ainsi des espèces amazoniennes pêchées directement dans le lit du fleuve et non dans la forêt marécageuse alentour.

○ *Dans les lacs,* les matières en suspension, responsables de la turbidité, sont les organismes du plancton. Le problème est sensiblement le même car l'abondance du plancton varie en fonction des saisons et même de cycles qui lui sont propres.

En bref et de manière générale, les poissons provenant d'une eau obscurcie par la turbidité peuvent être aisément élevés dans une eau limpide.

● **La couleur**

Une eau peut perdre sa transparence, sans être pour autant turbide, lorsqu'elle est colorée par une substance soluble. Chimiquement, c'est la différence entre une solution et une suspension :
— *si l'on filtre une suspension de matière dans l'eau, elle s'éclaircit;*
— *si l'on filtre une solution de substance dans l'eau, elle traverse le filtre sans s'éclaircir.*

Les eaux naturelles peuvent être colorées par des matières

minérales, mais elles le sont surtout par des matières organiques, en particulier les produits de dégradation de l'humus
forestier, dont nous allons étudier les propriétés chimiques au
chapitre suivant.

Globalement, plus une eau est colorée moins elle est transparente : couleur, ombrage et turbidité tendent à réduire la
luminosité. Les variations de transparence, dues à la couleur
de l'eau, sont seulement plus lentes que celles dues à la
turbidité. Elles résultent de la concentration du milieu,
consécutive à l'évaporation excessive.

Le pH

● Définition

L'unité de pH («potentiel en ions Hydrogène») est l'unité de
mesure de l'acidité de l'eau ou mieux de son état d'équilibre
acidité/alcalinité.

L'équilibre acidité/alcalinité est en fait le reflet de l'équilibre des charges électriques libres : H^+ (ion Hydrogène) et
OH^- (ion Hydroxyle) nées de la dissociation d'une molécule d'eau sur 10 000 000, soit :

1/10 000 000 ou $1/10^7$ ou encore 1×10^{-7}.

La concentration de l'ion Hydrogène multipliée par la
concentration de l'ion Hydroxyle est constante : si l'une diminue, l'autre augmente et la mesure de l'une donne la mesure
de l'autre c'est-à-dire de l'état «d'équilibre ionique» de l'eau.

Plus une eau contient d'ions H^+ libres (donc moins elle
contient d'ions OH^- libres), plus elle est acide. Une eau
contenant 1 H^+ sur 1 000 000 molécules H_2O est plus acide
qu'une eau contenant un H^+ sur 10 000 000 molécules
H_2O, ou mieux : une proportion de 1×10^{-6} H^+ est plus
acide qu'une proportion de 1×10^{-7} H^+.

Pour établir l'unité de pH, on n'a conservé que l'exposant
de la valeur : -6 ou -7 dont on a conventionnellement
supprimé le signe négatif, reste donc dans le cas de notre
exemple qu'une eau de pH 6 est plus acide qu'une eau de pH 7.

● **Valeurs du pH**

— pH 7 est le point où les quantités d'ions H⁺ et OH⁻ sont égales. Il correspond au pH d'une eau neutre, ni acide ni alcaline ;

— en-dessous de cette valeur, l'eau qui contient plus de H⁺ que de OH⁻ est acide. Dans la nature, des eaux atteignent couramment des pH de 5 ;

— un pH de 1 ou 2 correspond au pH de la solution d'un acide aussi fort que le vitriol ;

— à l'autre bout de l'échelle, un minimum d'ions H⁺ dans l'eau (1×10^{-14}), pH 14, correspond au maximum d'alcalinité. Un pH de 12 ou 13 équivaut à une solution de soude caustique. Dans la nature, le pH des eaux douces n'excède généralement pas le chiffre 9.

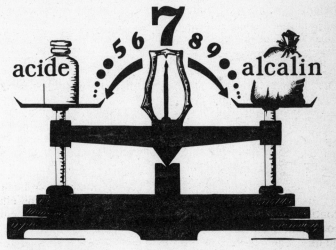

L'équilibre du pH.

● **Notion de solution tampon**

La plupart des sels en solution dans l'eau sont en équilibre en fonction du pH et en particulier les sels de calcium : carbonate et bicarbonate de calcium.

Changer le pH d'une eau minéralisée implique de changer l'équilibre des sels dissous qu'elle contient et donc de déclencher une réaction chimique. Par exemple, pour diminuer le pH d'une eau calcaire, il faut transformer une partie de bicarbonates de calcium solubles en carbonates insolubles qui vont précipiter, c'est-à-dire se déposer sous forme de tartre.

Pour une même variation de pH, plus l'eau est minéralisée, plus la quantité de calcaire qui va précipiter est importante et plus la quantité d'acide à introduire pour déclencher la variation devra être grande.

En bref, les eaux peu minéralisées ont un pH instable tandis que les eaux très minéralisées résistent à l'acidification. On dit qu'elles sont «tamponnées».

Ces dernières remarques ont une répercussion très importante au niveau de l'aquarium car l'incompréhension des systèmes tampons conduit à une confusion extrêmement fréquente.

Lorsque l'on dit qu'une eau de forêt équatoriale est acide, c'est certes qu'elle a un pH inférieur à 7, mais cela signifie surtout que, du fait qu'elle n'est que très peu minéralisée, la moindre trace de substance acide qu'elle dissout fait basculer son pH.

Acidifier à toute force une eau de conduite tamponnée, en espérant replacer le poisson originaire de cette eau dans son pH d'origine, est une erreur. Ce qu'il faut faire, c'est d'abord adoucir l'eau donc lui enlever son effet tampon et ensuite éventuellement l'acidifier.

Généralement, l'adoucissement seul suffit à maintenir le poisson des forêts équatoriales en bonne santé car il est beaucoup plus sensible aux valeurs du taux de calcaire dans l'eau qu'à son pH.

● Le pH dans l'aquarium d'eau douce

Dès qu'une substance acide ou alcaline est introduite dans l'eau, elle en fait varier le pH dans des proportions d'autant plus grandes que l'eau considérée est moins tamponnée.

Dans la nature, les plus importants facteurs qui font ainsi varier le pH d'une eau sont connus, ce sont :

— soit les acides humiques que nous étudierons au chapitre

suivant et qui, bien sûr, acidifient ;
— soit l'activité des plantes photosynthétiques qui l'alcalinise en extrayant l'acide carbonique de l'eau.

Lorsque l'on sait quel facteur fait varier le pH d'un plan d'eau naturel, sa mesure est un moyen de contrôle. Par exemple, en vérifiant que l'eau d'un étang est passé de pH 7 le matin à pH 9 en fin d'après-midi, on contrôle le travail photosynthétique effectué par les végétaux.

En aquarium d'eau douce, les choses sont très différentes, la valeur du pH n'y a en soi aucune signification particulière car elle est la conséquence de trop d'interactions biochimiques pour que l'on puisse l'interpréter.

La mesure du pH n'est utile qu'en cas de variation brutale du facteur : si le pH chute brutalement de 2 unités, c'est qu'il s'est passé quelque chose de suspect dans l'aquarium. Encore faut-il avoir déjà mesuré le pH peu de temps avant l'événement pour apprécier sa variation, si non cette chute de pH ne peut rien enseigner sur la nature de la perturbation.

Cependant, il est vrai que dans certains cas bien précis, la mesure constante du pH peut être le moyen de doser une intervention volontaire. Par exemple, si l'on désire acidifier un aquarium d'eau très douce en filtrant sur tourbe acide ; en mesurant la valeur du pH, on peut arrêter l'intervention puis la reprendre afin de maintenir la valeur souhaitée.

L'humification[1]

Dans la nature, si l'on tient compte de l'infinité des situations possibles, il est bien évident que les eaux douces peuvent, dans des cas particuliers, entrer en contact avec toute sorte de colorants solubles et être dénaturées.

● Il n'y a toutefois qu'un seul groupe de substances capable de colorer les eaux d'une manière universelle.

Ces matières sont les produits de dégradation du bois ou plus précisément des parois cellulosiques des cellules des plantes. Ce sont ces produits de couleur brune que l'on

[1] - Transformation des matières organiques en humus.

regroupe sous le nom d'**acides humiques :** lesquels sont issus de l'humus, c'est-à-dire en pratique du terreau végétal et ligneux. Ces acides humiques colorent les eaux tropicales, c'est pourquoi celles-ci étaient qualifiées d'eaux noires par les anciens auteurs.

Comme leur nom l'indique, ces substances ont pour première particularité d'être des acides. Mais ce sont des acides extrêmement faibles qui ne vont en pratique modifier le pH que des eaux très peu minéralisées, et par voie de conséquence fort peu tamponnées.

○ *Les acides humiques sont des chélateurs,* c'est même leur propriété la plus importante. Qu'est-ce à dire ?

Un chélateur est une substance chimique formée de molécules très lourdes et très complexes capables de «piéger», c'est-à-dire de lier chimiquement les petites molécules libres du milieu — par exemple, les métaux toxiques — et de les neutraliser. Les produits chélateurs de l'humus peuvent également piéger des vitamines ou d'autres produits nécessaires à la vie et les recéder à des végétaux spécialisés, par exemple, certaines algues du plancton végétal.

○ *Les acides humiques* par leur présence en solution dans l'eau *permettent la croissance de toute une série de plantes qui sans eux seraient absentes;* de ce fait, ils transforment radicalement l'aspect du milieu aquatique.

○ Enfin, *les acides humiques sont légèrement aseptisants* et cette somme de propriétés a une répercussion importante sur la vie de l'aquarium.

● **Les poissons issus d'eaux humiques,** comme par exemple les *Discus* (cf. MS 77) sont fragiles à différents niveaux :
— ils craignent les bacs trop bien éclairés puisque leurs eaux originelles du Rio Negro (la rivière noire) sont extrêmement colorées; elles ont la couleur du café, et par conséquent se laissent très peu pénétrer par la lumière;
— ils redoutent les pollutions chimiques de l'aquarium parce que, dans leur milieu d'origine, le pouvoir chélateur des acides humiques les protège contre ce genre d'accident;
— ils sont sensibles, enfin, aux attaques microbiennes. La

raison en est simple, les souches sauvages de ces poissons développent moins de protections naturelles contre les microbes pathogènes* que les souches d'autres espèces, on pourrait presque dire moins d'anticorps, moins de vaccins. Pourquoi? Parce qu'ils n'en ont pas besoin, leur milieu naturel étant déjà en partie aseptique.

La pérennité

Une mare pérenne est une mare remplie d'eau tout au long de l'année. Une mare non pérenne est une mare qui s'assèche une partie de l'année.

Bien sûr, l'assèchement du milieu est une catastrophe pour les animaux aquatiques et beaucoup de mares non pérennes ne sont pas habitées par les poissons. Cependant, comme la nature a horreur du vide, ces milieux sont constamment recolonisés par des espèces qui, au cours des millénaires ont développé des solutions répondant à ce problème crucial.

● La première solution, commune à de nombreux *poissons-chats*, c'est l'**envasement**. Mais cette solution n'est efficace que si la sécheresse n'est pas trop sévère.

Cette solution est également celle du *Betta splendens* (ou Combattant, cf. MS 77) lequel, sous la forme sauvage, s'enveloppe d'un cocon de mucus et de vase. Quant au *protoptère* que l'on rencontre rarement en aquarium, il est particulièrement bien adapté puisqu'il se déshydrate complètement.

● La seconde solution, c'est **la migration.** Le poisson dégoûté s'enfuit de nuit (*Anabas, Anguille*) à la recherche d'une autre mare que, grâce à son instinct, il découvre effectivement, sans d'ailleurs que l'on comprenne trop bien comment.

● La troisième solution est celle des **poissons annuels,** appelés «**killies**» par les aquariophiles. Ils pondent dans la vase avant que la période de sécheresse n'entraîne l'assèchement de la mare qui constitue leur milieu de vie. L'œuf protégé de la dessication par des membranes protectrices, traverse, sans dommage, la saison sèche.

Ce type d'habitat d'origine (étrange pour des animaux aquatiques puisqu'ils restent couramment chaque année des mois sans eau) n'affecte en rien la vie usuelle du poisson lorsqu'il vit en aquarium. Par contre, il influence considérablement son comportement de ponte et surtout le développement des œufs.

En pratique, la reproduction de certains d'entre eux est très difficile et reste l'affaire de véritables spécialistes réunis d'ailleurs en des Clubs — tels les Killies Club de France, Killies Club de Belgique, etc — auprès desquels on peut se documenter sur les différentes modalités de reproduction de ces intéressantes espèces.

Un mot encore concernant tous les poissons équipés de système respiratoires aériens annexes ou d'éventuels moyens de locomotion terrestres, notamment par conséquent de tous les poissons anguiliformes au corps apte à la reptation.

Ce sont des poissons qui s'évadent aisément la nuit de l'aquarium mal couvert. Or, ils se déssèchent très vite les téguments*, car l'humidité ambiante d'un appartement équipé du chauffage central n'est pas celle de la nuit équatoriale !

En cas d'accident, même récupérés vivants, on les sauve très rarement.

LES EAUX SAUMÂTRES

Dans la nature, il existe en dehors des eaux marines d'autres eaux très salées voire sursalées en sels minéraux divers comme par exemple des eaux thermales : ces eaux ne sont pas des eaux saumâtres.

Le terme «eaux saumâtres» s'applique exclusivement aux eaux nées du mélange des eaux douces et des eaux marines. Leur salinité est donc variable (le sel en solution le plus abondant étant, comme en eau de mer, le Chlorure de sodium).

La densité des eaux saumâtres

Tout comme la salinité de l'eau de mer, celle des eaux saumâtres s'apprécie par la mesure de sa densité.

Le densimètre est un flotteur gradué qui s'enfonce fortement dans les eaux douces et peu dans les eaux salées.

La densité de l'eau de mer étant de 1022 et celle de l'eau douce de 1000, la densité de l'eau saumâtre est comprise entre ces 2 valeurs. Elle est mesurable usuellement à l'aide du même modèle de densimètre que celui utilisé pour l'aquarium marin, mais il existe d'autres densimètres de laboratoire dont une partie ou une autre de l'échelle est plus étalée afin d'obtenir davantage de précision.

Les milieux d'eaux saumâtres

On rencontre des eaux saumâtres dans les étangs et marais en communication avec la mer où une fraction d'eau marine se mélange en permanence à l'eau douce. On en trouve également dans les étangs créés par la fermeture d'une lagune où les eaux marines sont progressivement adoucies par l'apport constant des pluies. Il y en a enfin dans les estuaires.

En pratique, tous les milieux saumâtres peuvent être classés en deux grandes catégories :
— les milieux saumâtres à salinité constante,
— les milieux saumâtres à salinité variable.

● Les milieux à salinité constante

Il ne s'agit généralement pas de milieux bloqués définitivement à une salinité donnée mais plutôt de milieux où les phénomènes, soit de saturation, soit de désalinisation sont si lents que les animaux, qui y vivent, sont capables de s'adapter aux nouvelles conditions qui s'instaurent lentement et progressivement. On connaît ainsi des lacs d'eau douce côtiers, peuplés de squales, de poissons-scie et de raies.

Tel est le cas d'anciennes lagunes dont la communication avec la mer s'est rompue et qui se sont adoucies. Ces milieux, peuplés par des espèces originaires soit de la mer, soit des eaux douces, sont à chaque fois des cas particuliers, souvent isolés et parfois uniques.

Ces plans d'eau n'offrent que peu d'intérêt pour l'aquariophilie, dans la mesure où les animaux qu'ils abritent ne sont que rarement commercialisés. Cependant, si l'on explore soi-même des lieux de ce type, on y fait parfois d'étonnantes découvertes, surtout dans le domaine des invertébrés.

L'aquariophile en vacances ne perd pas toujours son temps à explorer une lagune saumâtre. Mais, avant de penser y prélever des animaux, il doit songer à mesurer sur place, la densité bien sûr, mais aussi la température et ses variations.

● Les milieux à salinité variable

L'exemple le plus commun d'un milieu d'eau saumâtre à salinité variable est celui de l'estuaire des fleuves dont le niveau varie en fonction de la marée.

La frontière entre les eaux douces et marines est très imprécise. Ce n'est pas parce que l'eau monte dans l'estuaire, que la mer y remonte. Sauf dans le cas rare d'une vague déferlante dite mascaret, ce sont généralement les eaux douces qui butent en aval sur la marée montante comme sur le bief d'une écluse et qui s'accumulent. Le niveau monte, mais l'eau reste douce, c'est ce que l'on appelle une marée dynamique.

La frontière entre les eaux douces et marines est donc imprécisable, mais lorsqu'elle se déplace, elle balaie les terriers des animaux sédentaires. Elle est, en outre, traversée en permanence par les espèces de poissons qui supportent le passage eau douce-eau de mer et vice versa, et que l'on nomme des poissons euryhalins*.

Les animaux issus de ces milieux sont donc remarquablement aptes à vivre dans des conditions de salinité variable et quelques-uns d'entre eux peuvent être conservés aussi bien en bac marin qu'en bac d'eau douce, nous citerons en particulier les *Monodactylus* et les *Scatophagus* (cf. MS 77).

En aquarium, il est en conséquence facile de soigner ces poissons, s'ils sont atteints d'une maladie parasitaire : ils supportent mieux un changement brutal de salinité que leurs parasites. Ce changement ne doit cependant être ni excessif ni brutal car un passage direct de l'eau douce à l'eau de mer peut leur être fatal.

○ *Le programme suivant permet une adaptation aisée du poisson à un changement total d'eau* et cela dans les deux sens :
— temps zéro : changement de la moitié de l'eau,
— après 12 h : changement des ¾ de l'eau,
— après 24 h : changement total.

Bien évidemment, des interventions plus fréquentes et plus progressives seront mieux supportées par l'animal. Ces opérations étant généralement effectuées dans de petites cuves afin de limiter les pertes d'eau, il ne faut pas oublier d'aérer au maximum.

Le sol des milieux saumâtres à salinité variable

Le phénomène des marées successives, allant jusqu'à l'inversion des courants et des densités, est très favorable à la sédimentation*.

Quand une rivière, au courant rapide, est turbide sous l'effet de multiples particules en suspension, ces particules ne peuvent qu'être entraînées par la force du courant. Si ce dernier est brisé par une marée dynamique, elles se décantent.

Par ailleurs, lorsqu'il y a un phénomène de sédimentation rapide, les particules organiques peuvent être enfouies avant d'avoir été dégradées par les bactéries. L'ensemble de ce sol formé sera ensuite plus ou moins colmaté lors de l'«assec» des marées basses.

Cela implique que les vases formées sont pratiquement mises à l'instant même hors de contact avec l'atmosphère. Le peu d'oxygène qu'elles contiennent est immédiatement absorbé par l'oxydation des matières organiques et comme celles-ci sont généralement présentes en excès, le milieu **se carence en oxygène** et devient ce que l'on appelle un milieu «réducteur».

Cela ne signifie pas que toute vie s'arrête en l'absence d'oxygène. Si, par exemple, les bactéries aérobies*, celles qui utilisent l'oxygène pour oxyder les matières organiques disparaissent, d'autres espèces bactériennes, les bactéries cette fois **anaérobies***, c'est-à-dire celles qui n'utilisent pas d'oxygène, vont prospérer dans les milieux réducteurs en utilisant par exemple l'énergie contenue dans les molécules organiques soufrées.

Les produits de cette activité bactérienne anaérobie sont très souvent toxiques par exemple le gaz sulfureux H_2S est un redoutable poison.

Ces gaz empoisonnés sont normalement retenus par les vases sous la surface du fond, mais ce sol peut à tout moment être perturbé.

Aussi, les véritables **poissons d'estuaires,** qui forment la majorité des espèces saumâtres d'aquarium, déjà très résistantes aux variations salines, *sont parmi les animaux d'aquarium les plus résistants aux pollutions chimiques du milieu.*

Cette règle doit bien sûr être comprise et interprétée comme une généralité mais elle doit rester présente à l'esprit de ceux qui utilisent, du fait de leur prix modique, des poissons d'eau saumâtre pour tester la salubrité d'un aquarium marin corallien. Si la mort d'un tel poisson test survient, elle ne peut qu'indiquer des conditions particulièrement défavorables.

En résumé, le milieu des eaux saumâtres d'estuaire doit être considéré comme un ensemble de 2 milieux superposés :
— un sol, plus ou moins «composté», formé de boues et de vases anaérobies et suspectes ;
— au-dessus de ce sol, une eau en mouvement, généralement très aérée, de salinité variable, et susceptible de variations brusques de température.

Cette disparité du milieu peut être observée à marée basse dans n'importe quel estuaire, au niveau des pieux en bois plantés dans la vase :
— *la partie envasée du pieu* reste intacte quelle que soit la durée de son immersion, parfois durant des siècles.

Elle est hors d'atteinte des champignons et des bactéries

aérobies qui sont chronologiquement les tout premiers décomposeurs du bois (les bactéries anaérobies n'étant pas capables de s'attaquer directement à la cellulose non prédigérée par ces premiers décomposeurs).

Si l'on écarte les vases sulfuraires, les bases des piquets apparaissent noires et dégagent une odeur caractéristique.

— *les parties hors vase*, soumises à l'action des agents aérobies, se décomposent et se détruisent rapidement.

LES EAUX MARINES

En aquariophilie, ce que l'on appelle généralement des eaux marines sont en fait, dans la plupart des cas, des eaux **littorales**, qu'elles soient originaires de l'océan, de la Méditerranée ou des récifs coralliens, c'est-à-dire des eaux correspondant aux milieux d'où proviennent les animaux d'aquarium (ces eaux ne représentent en fait qu'une infime partie de l'ensemble des eaux marines).

Les eaux méditerranéennes et océaniques

Les eaux littorales sont infiniment plus soumises que celles du grand large à l'influence des côtes. L'exemple le plus évident est celui des pollutions thermiques : les photographies aériennes à l'infra-rouge montrent que la pollution thermique* généralisée suit fidèlement le profil de la côte.

C'est l'illustration d'un phénomène plus global : les eaux littorales sont beaucoup plus dépendantes de l'influence terrestre que les eaux du large. C'est pourquoi ces eaux côtières sont naturellement plus riches en matières organiques que celles du grand large.

A l'extrême, certaines eaux du plein océan ont été reconnues comme pouvant même être déficitaires en un facteur de croissance aussi universellement répandu que la vitamine B 12 (Cyanocobalamine) : c'est une situation absolument impensable dans le domaine des eaux littorales.

Dans ces conditions, si l'on considère les milieux côtiers

méditerranéens d'où sont issus un certain nombre d'espèces de poissons d'aquarium, il faut s'attendre à y rencontrer une activité biologique relativement importante et également une activité microbiologique ou bactérienne non négligeable.

Cela signifie **en pratique** que le poisson d'aquarium, issu du milieu littoral proche, sera apte à supporter un milieu relativement riche en matières organiques solubilisées qui entretiennent une activité microbiologique certaine.

Par ailleurs, lorsque l'on parle des milieux marins littoraux français, il ne faut pas oublier que jusqu'ici les animaux, dont on dispose et qui sont issus de ces côtes, sont surtout des espèces nord-méditerranéennes vivant, par conséquent, dans une eau relativement froide.

La solubilité de l'oxygène dans l'eau étant inversement proportionnelle à la température, des animaux conservés dans une eau trop tempérée, c'est-à-dire trop chaude, meurent inéluctablement d'asphyxie, c'est une limite impérative, Nous indiquons ci-dessous les principales espèces résistant à une eau de plus de 18° C en précisant qu'il n'y a pas de liens entre l'habitat normal d'une espèce et sa tolérance : une espèce littorale peut être sensible à la température (*Blennius pholis*), une espèce du plateau continental pouvant y être tolérante (*Grondin*).

Espèces littorales pouvant vivre jusqu'à 20-23° C

Anemonia equina	Cérianthes	Homard
Diverses blennies	Crabe vert	Mulet
Bouquets	Grondin	

Les eaux coralliennes

Le milieu corallien est original à plus d'un titre. Si l'on considère une vue aérienne d'un atoll de corail typique, on observe immédiatement qu'il est très généralement minuscule et perdu au milieu des masses océaniques.

Si l'on compare cette situation à celle des milieux littoraux océaniques, on constate qu'elle est inverse, à savoir : le milieu littoral est fortement influencé par la présence des continents et peu influencé par celle des eaux du large; au contraire, le milieu corallien, même à l'intérieur des lagons, est entièrement sous dépendance océanique.

L'eau qui baigne l'atoll est donc une eau pauvre en ces matières organiques qui sont nécessaires à la croissance du phytoplancton (plancton végétal algal).

En l'absence de ces éléments nutritifs, les eaux, appauvries en phytoplancton, ne peuvent plus nourrir les animalcules du zooplancton (plancton animal) qui sont les consommateurs naturels de ces micro-algues.

En bref, ces eaux privées de plancton seront extrêmement claires et transparentes et puisqu'elles ne contiennent que très peu de matières organiques en solution, l'activité bactérienne y sera réduite : voilà ce que ne doit jamais oublier le possesseur d'un aquarium marin peuplé de poissons de coraux.

Le milieu corallien est donc un milieu totalement différent du milieu littoral. Or, on a tendance à les confondre parce qu'ils sont tous les deux marins[1].

● **Fonctionnement du milieu corallien**

Il a été démontré qu'en l'absence de manne planctonique, la majorité des espèces de madrépores, qui forment la structure vivante de l'atoll de corail, se nourrissent grâce à l'activité de leurs algues endosymbiotiques*, c'est-à-dire des algues qui vivent à l'intérieur de leurs tissus. C'est à partir de cette masse organique en formation continuelle que va s'instaurer l'ensemble des chaînes alimentaires permettant la survie de la totalité des animaux présents, poissons compris.

En d'autres termes, et pour employer le langage de l'écologie scientifique, nous dirons que le schéma classique des chaînes alimentaires naturelles est perturbé, et qu'au lieu du schéma usuel nº 1, nous aurons celui du nº 2.

● **Les poissons de milieu corallien**

Concernant la santé des poissons de coraux, on peut observer

[1] En fait, du point de vue écologique, les milieux littoraux sont souvent plus proches des milieux des eaux douces que des milieux coralliens.

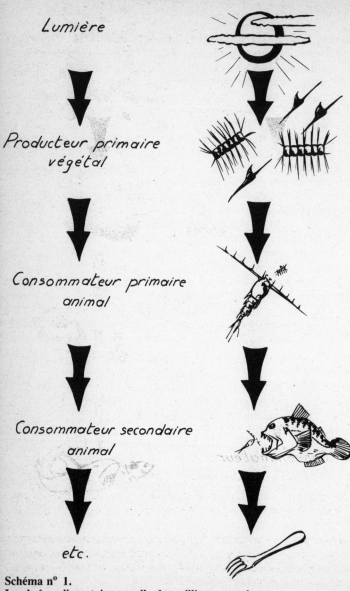

Schéma n° 1.
La chaîne alimentaire usuelle des millieux aquatiques.

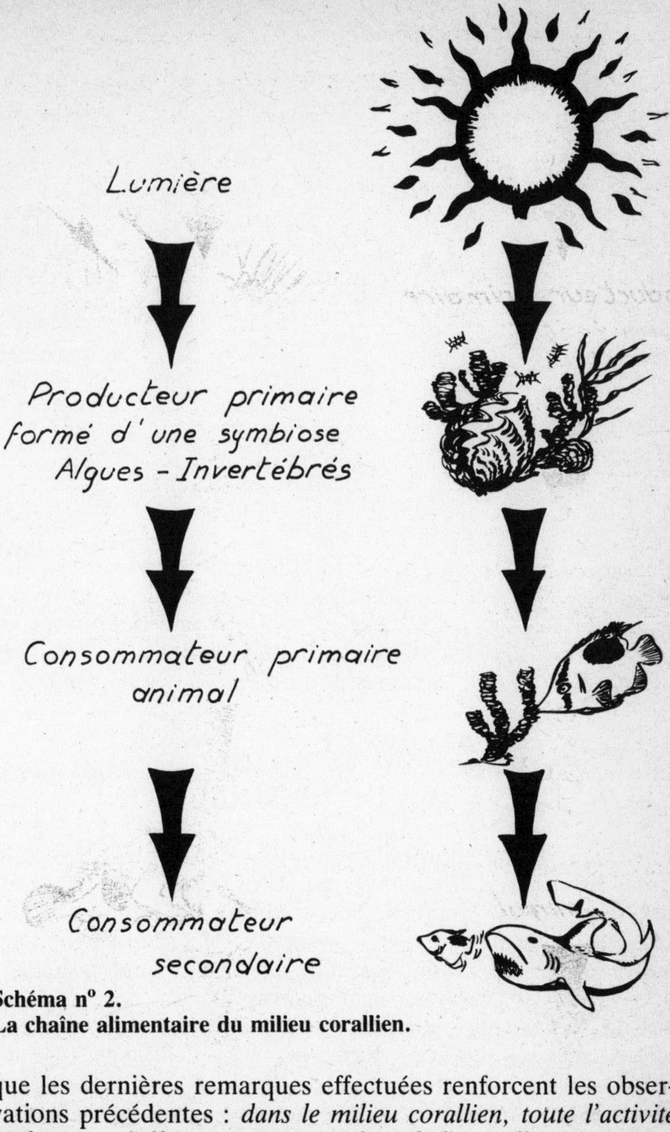

Lumière

Producteur primaire
formé d'une symbiose
Algues – Invertébrés

Consommateur primaire
animal

Consommateur
secondaire

Schéma n° 2.
La chaîne alimentaire du milieu corallien.

que les dernières remarques effectuées renforcent les observations précédentes : *dans le milieu corallien, toute l'activité biologique s'effectue au niveau du sol, l'eau elle-même étant pratiquement vide de microorganismes.*

L'eau de l'aquarium, peuplé de poissons de coraux, doit

donc être limpide et bien brassée, car le brassage réduit encore le nombre des bactéries par oxydation directe des matières organiques.

Plus qu'en tout autre cas, c'est au niveau de l'aquarium corallien qu'il est nécessaire de s'imprégner des conditions naturelles à reconstituer et à respecter sous peine d'échec. Jamais personne n'a réussi à élever un poisson de corail dans un aquarium sale et ce pour une excellente raison : un aquarium marin corallien sale, c'est déjà un aquarium malade.

Les eaux d'aquarium

Avant de parler plus en détail des eaux d'aquarium, une évidence s'impose : en pratique, dans la grande majorité des cas, tout ou partie de cette eau va provenir à l'origine du robinet. Si celle-ci n'est pas de bonne qualité, le germe d'un échec est inhérent à la conception même de l'aquarium.

LES EAUX DE DISTRIBUTION

Les eaux de distribution sont prises dans la nature. Leur potabilité est vérifiée, par les autorités chargées de l'hygiène publique, et éventuellement corrigée. C'est-à-dire que l'on veille à ce qu'elles ne contiennent pas de poisons chimiques — ce qui est déjà une garantie en vue de leur usage en aquariophilie. C'est dire également qu'on les traite pour les épurer des germes qu'elles contiennent, ce qui est parfois gênant pour l'aquarium. Reprenons ces 2 cas.

● **L'absence de poisons ou toxiques,** par exemple des métaux lourds, est vérifiée avant distribution, mais une eau peut se recharger en plomb ou en cuivre lorsqu'elle traverse les tuyaux d'une installation vétuste ou mal conçue.

Normalement, un amateur de poissons tropicaux ne doit pas se préoccuper de ce problème, mais, lorsque tout va mal sans qu'il comprenne pourquoi, et que ses amis plus confirmés en aquariophilie (ceux par exemple du Club local d'Aquariophilie), ne comprennent pas mieux, il doit reconsidérer son installation d'une manière critique.

> *Lorsque l'on dispose de 2 robinets, il est bon de prendre l'habitude de puiser l'eau de l'aquarium à celui des 2 qui est placé en amont de l'installation. Cela permet de limiter le cheminement de l'eau au travers des canalisations, encore trop souvent en plomb. C'est un geste simple, qui peut éviter des déboires.*

● Reste le problème de **l'épuration bactérienne** des eaux de distribution :

— elles peuvent être *filtrées* ou *ozonisées*, ce sont là des traitements qui, en principe, n'altèrent pas la qualité ;

— elles peuvent être *chlorées*, ce que l'on appelle communément *javellisées* et, là, il faut être attentif car un excès de chlore peut les rendre momentanément impropres à l'aquariophilie. Heureusement, l'odeur est caractéristique et si l'eau est inodore, elle est utilisable.

Si elle sent l'eau de Javel, pour la rendre inoffensive, il suffit d'utiliser un produit que votre détaillant vous fournira ou de la laisser reposer quelques jours en l'aérant abondamment à l'aide d'un diffuseur.

C'est simple, efficace et indispensable, car vous ne sauverez jamais, à l'aide de médicaments, un poisson dont vous avez brûlé les branchies en le plongeant dans une eau trop chlorée.

Cet exemple vient encore illustrer la règle d'or de l'aquariophilie : *la santé du poisson, c'est la santé de l'aquarium et la santé de l'aquarium résulte du respect des précautions de base de l'aquariophilie.*

L'eau du robinet ayant été bien reposée et aérée avant d'être introduite dans l'aquarium, elle est en principe prête pour recevoir ses premiers habitants. A une double condition toutefois :

— que les poissons destinés à peupler le bac ne proviennent pas d'eaux dont les propriétés physico-chimiques soient aux antipodes de celle de votre robinet;
— que vous achetiez vos pensionnaires chez un détaillant qui les aura déjà acclimatés à l'eau régionale.

LES EAUX DOUCES

Souvent, les conditions ci-dessus ne sont pas remplies. L'aquariophile doit modifier son eau pour l'adapter aux animaux qu'il va y introduire, c'est-à-dire pour copier les qualités de l'eau d'origine de l'animal.

Adoucir une eau

En pratique, la première chose à faire consiste à corriger la dureté de l'eau de l'aquarium, et cette correction, sauf dans quelques cas particuliers, va toujours dans le sens de l'abaissement de la dureté :
— d'une part, parce que la majorité des poissons tropicaux sont issus d'eaux douces ou très douces;
— ensuite, parce que la tendance naturelle d'une eau d'aquarium est de se concentrer avec l'évaporation donc de tendre à être de plus en plus dure.

● **Pour adoucir une eau, il y a deux méthodes :**
— soit la déminéraliser au sein de l'aquarium en lui faisant traverser une charge de résines, du type de celles disponibles uniquement chez les détaillants.
— soit la diluer c'est-à-dire la couper d'une eau très douce.
   Les eaux très douces utilisables sont :
— *certaines des eaux de table en bouteille* (type Volvic par exemple) qui sont très bonnes pour l'aquarium mais dont l'usage atteint un prix prohibitif si le bac est vaste;
— *des eaux totalement déminéralisées*, parfaites à condition qu'elles soient bien déminéralisées et non pas simplement adoucies (cf. MS 77).

L'usage de cette eau déminéralisée, comparable à de l'eau distillée, demeurant encore assez coûteuse et nécessitant un petit appareillage ;
— *des eaux de pluie* car, quoi qu'on ait pu en dire, l'usage des eaux de pluie est excellent pour l'aquariophilie et en plus il est gratuit. Quant aux accidents entraînés par son utilisation, ils proviennent toujours du non-respect des précautions de base.

L'eau de pluie

L'eau de pluie est recueillie par les toitures et les gouttières : c'est l'évidence, il faut préférer les toitures en ardoises ou en tuiles aux toitures en zinc, les gouttières en plastique neutre dit P.V.C. aux gouttières également en zinc.

Les premières eaux d'une pluie sont suspectes, elles ont lessivé l'atmosphère parfois abondamment souillée de fumées industrielles ou de gaz d'échappement. Elles ont lavé les toitures où s'est accumulée la poussière apportée par le fil des jours.

En fait, pour disposer d'une eau saine, il faut recueillir les eaux de la fin d'un orage dans un récipient propre, c'est encore une question de bon sens... L'expérience nous apprend pourtant que si l'on ne respecte pas cette précaution simple et élémentaire, la punition est brutale et inéluctable.

Les eaux douces prélevées dans la nature

Si vous ne répugnez pas aux manipulations fastidieuses et fatigantes, et si vous disposez de récipients du type jerrican en plastique inerte, garanti de qualité alimentaire, il y a une méthode diamétralement opposée aux précédentes dans son esprit même.

Elle consiste à utiliser une eau puisée dans la nature pour emplir l'aquarium. C'est un procédé généralement réprouvé dans tous les manuels d'aquariophilie et ce à juste titre, à cause du danger qu'elle présente.

Cette solution paraît cependant excellente : plutôt que de copier difficilement la nature, pourquoi ne pas utiliser directement les eaux naturelles ? La réponse est simple : *on ne peut pas utiliser ce que l'on ne connaît pas.*

Avant de toucher aux eaux naturelles, il faut être un hydro-biologiste confirmé. Les eaux douces naturelles sont de qualités si complexes et si multiples que, sans connaissances très approfondies, qui peuvent d'ailleurs s'acquérir très vite par la voie de l'aquariophilie, il vaut mieux les laisser là où elles sont.

A moins que vous ne disposiez d'un petit bac disponible et de poissons «cobayes» afin de mettre à l'épreuve, d'une manière totalement empirique, l'eau découverte au détour d'une promenade.

LES EAUX SAUMÂTRES

Nous nous souvenons que les eaux saumâtres naturelles coulent généralement au-dessus de vases et de boues plus ou moins salubres.

En aquarium, l'emploi d'un tel substrat vaseux aux réactions physico-chimiques subtiles et dangereuses est exclu. Il ne reste comme possibilité pratique que la création d'un milieu simple, résultant d'une eau douce, en partie coupée d'eau de mer. Compte tenu, par ailleurs, que la question du calcium n'a plus aucune importance (puisque la présence de quelques dizaines de milligrammes de calcium en solution dans l'eau importe peu pour des poissons habitués à s'adapter à des variations de salinité de l'ordre de plusieurs grammes, voire de plusieurs dizaines de grammes au litre), le problème des aquariums saumâtres reste que l'eau saumâtre est un milieu chimique très favorable à la prolifération bactérienne. Mais, fort heureusement, les poissons d'eau saumâtre sont peu sensibles aux germes pathogènes car, précisément, ils sont habitués à côtoyer de nombreuses bactéries. A la vérité, le seul risque est que cette prolifération de germes tende à reconstituer une formation de dépôts vaseux organiques qui, trop accumulés, peuvent recréer des conditions favorables à des phénomènes nocifs tels que, par exemple, des fermentations aux conséquences meurtrières.

Cela explique la raison pour laquelle, l'accident classique de l'aquarium d'eau saumâtre est l'arrêt d'un filtre de fond sous sable. La masse organique accumulée en cet endroit devient brutalement anaérobie et les substances chimiques issues de ce processus intoxiquent gravement les poissons présents. La mortalité peut être alors catastrophique et extrêmement brutale : on peut perdre ses animaux en quelques heures seulement.

En pratique et en conclusion, on peut dire que le milieu des eaux saumâtres d'aquarium est facile à recréer et à conserver sain, à la condition de veiller à ce que :
— d'une part, la propreté soit rigoureuse, *ce qui implique des siphonnages fréquents*;
— d'autre part, l'aération soit abondante et constante, ce qui explique pourquoi *il est préconisé un équipement comportant à la fois une pompe à air et une pompe à eau* (cf. MS 359)

Il faut absolument que la défaillance éventuelle de l'un des 2 appareils ou d'un diffuseur n'entraîne pas la mort des bactéries aérobies si utiles à la santé de l'aquarium.

LES EAUX MARINES

Lorsqu'ils ont besoin d'eau de mer pour leur aquarium, les amateurs connaissent la recette.

Elle consiste à utiliser une eau du robinet traitée avec les précautions précédemment décrites et amenée à salinité convenable, tout simplement en y incorporant la quantité adéquate de sel de mer reconstitué, que leur a procurée leur détaillant spécialisé.

Il est communément admis que ces eaux neuves se chargent, dans les semaines qui suivent, en matières azotées toxiques : c'est la montée des nitrites. Deux cas sont à considérer : un cas explicable et d'ailleurs expliqué et un cas beaucoup moins évident et d'ailleurs sujet à caution.

La nitrification

Le cas explicable est celui de l'**apparition de composés azotés en solution dans l'eau**, après l'introduction des premiers poissons.

Si l'on considère que l'on est dans un milieu neuf, il est aisé de comprendre que ces premiers animaux y rejettent des produits azotés (entre autres : leurs excréments), avant que

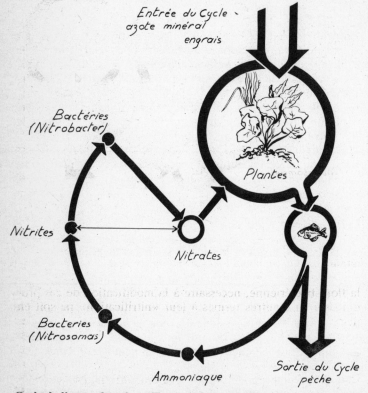

Cycle de l'azote dans les milieux aquatiques naturels.
L'azote est provisoirement stocké sous forme de tissus animaux et surtout végétaux avant d'être éliminé par des pêches de poissons, donc des exportations de matière organique.

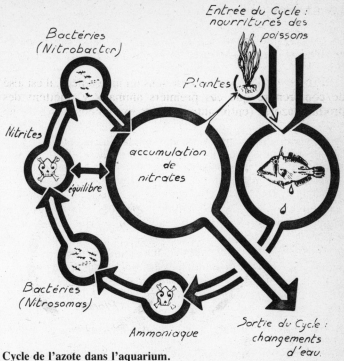

*Entrée du Cycle :
nourritures des
poissons*

*Bactéries
(Nitrobacter)*

Plantes

Nitrites

*accumulation
de
nitrates*

équilibre

*Bactéries
(Nitrosomas)*

Ammoniaque

*Sortie du Cycle :
changements
d'eau.*

Cycle de l'azote dans l'aquarium.
Tout l'azote introduit s'accumule finalement sous forme de nitrates
qui ne peuvent être éliminés que par des changements d'eau. Ces
nitrates sont en équilibre avec des nitrites toxiques.

la flore bactérienne, nécessaire à la modification de ces produits ou en d'autres termes à leur «nitrification» ne soit en
place.

● **Définition**

La nitrification est la transformation, par voie bactérienne,
de l'ammoniaque toxique en nitrites toxiques puis en nitrates
peu toxiques. Elle est assurée en deux étapes : d'abord par
les bactéries du genre *Nitrosomas* qui transforment l'ammoniaque en nitrites, puis par les bactéries du genre *Nitrobacter*

qui terminent la transformation en nitrates. Soit :

$$NH4$$
(Ammoniaque)

↓

$$NO2$$
(Nitrite)

↓

$$NO3$$
(Nitrate)

Nous passons sur le détail des transformations intermédiaires qui aboutissent à des produits instables. Les nitrites eux-mêmes sont instables mais, comme ils sont en équilibre avec les nitrates, l'eau d'un aquarium trop encrassé en contient obligatoirement en solution, tel que le montrent les 2 croquis ci-contre.

Ces données assez simples sont essentielles à la compréhension de la notion de santé de l'aquarium marin.

En pratique, compte tenu qu'aucun animal ne peut vivre en présence d'ammoniaque en solution, et qu'une faible dose est suffisante pour être mortelle : il faut prendre des précautions. Car, en vérité, le problème théorique de l'introduction des poissons dans l'aquarium se présente tel qu'illustré ci-après.

Introduction des poissons dans un aquarium marin nouvellement installé.

— *Premier tableau :* les animaux sont introduits progressivement ; les populations bactériennes ont le temps de se développer.

— *Second tableau :* les animaux sont introduits trop vite et trop massivement ; l'ammoniaque, puis les nitrites atteignent des valeurs trop élevées et provoquent des mortalités avant que les bactéries n'agissent.

A et **B** — périodes décalées d'introduction des animaux.

C — période où l'eau de l'aquarium est toxique par accumulation d'ammoniaque.

D — période où l'eau de l'aquarium est toxique par accumulation de nitrites.

A noter qu'en pratique les périodes C et D sont généralement confondues.

1 — concentrations croissantes

2 — durée

4 — seuil de toxicité de l'ammoniaque, soit sensiblement 0,4 mg par litre

5 — seuil de toxicité des nitrites, soit sensiblement 0,1 mg par litre

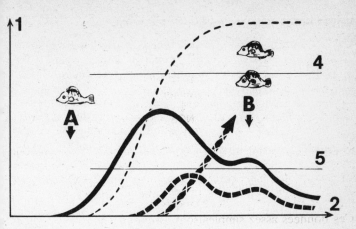

= courbe d'évolution de l'ammoniaque.
= courbe d'évolution des nitrites.
= courbe d'évolution des nitrates.
= courbe d'évolution de la population bactérienne.

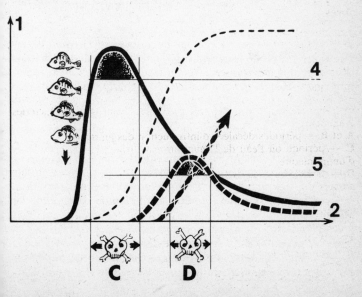

● **Les précautions à prendre**

1 — *N'introduire les premiers animaux que parcimonieuse-ment et progressivement*, afin d'éviter un apport brutal d'ammoniaque alors que les populations bactériennes utiles ne sont pas encore actives.

Mais, alors, cela sous-entend, que l'on s'interdit l'introduction des poissons tous en même temps : procédure qui a ses adeptes car elle évite le rejet des nouveaux venus sous l'effet de la pression territoriale exercée par les anciens occupants du bac.

2 — *Prévoir un habitat pour les bactéries nitrifiantes* sous forme d'un support dont la matière doit être assez solide pour qu'elles puissent s'y accrocher et suffisamment poreuse pour qu'elles soient bien aérées.

Les squelettes de coraux (madrépores) utilisés pour la décoration sont parfaits. On peut même, par exemple, prévoir des accumulations de corail dans un filtre spécial, ce qui augmente d'autant les possibilités d'habitat des bactéries.

Le sable de l'aquarium est lui-même un support qu'il faut prévoir poreux mais également grossier pour éviter tout colmatage.

3 — *Il faut aérer en excès* pour la raison fort simple que les réactions chimiques successives, engendrées par la nitrification sont des oxydations bénéfiques lesquelles sont évidemment favorisées par l'abondance d'oxygène.

Une technique souvent utilisée permet de respecter les conditions impératives précitées, tout en évitant l'inconvénient qu'il y a à introduire les poissons progressivement.

Elle consiste à **retarder le peuplement mais à le préparer... sans poisson.** Comment ? En remplaçant les premiers rejets azotés des animaux par l'introduction de matières organiques de substitution, par exemple une demie moule par tranche de 100 litres d'eau. On réduit la chair en fragments que l'on éparpille dans le bac, puis pour amorcer la nitrification, on ensemence le bac en bactéries nitrifiantes :

— soit sous forme de semis d'un sable provenant de la surface superficielle du sol d'un autre bac sain ;

— soit par l'essorage dans l'aquarium de la charge filtrante d'un aquarium ancien et sain ;
— soit en introduisant des bactéries lyophilisées achetées chez le détaillant.

● **Les pollutions dues à l'environnement du poisson**

Reste à évoquer le cas peu explicable d'accumulations excessives et spontanées de matières azotées dans un aquarium neuf n'ayant jamais été peuplé. Il est des plus ambigus. Cette ambiguïté étant soulignée par le fait que ce phénomène est heureusement loin d'être constant.

Il faut donc apparemment plus en chercher la cause dans des erreurs de manipulations que dans les effets d'un processus normal.

En fait, il semble bien que la raison la plus fréquente de ces troubles soit l'introduction d'une pièce de décoration (corail, coquillage, gorgone) ayant été mal nettoyée.

En principe, après leur pêche ou lors de leur importation, tous ces éléments décoratifs d'origine animale sont débarrassés à l'acide de leurs matières organiques. Si le traitement est incomplet, la pollution ultérieure de l'eau de l'aquarium est inéluctable.

Les principaux suspects sont les pieds massifs des gorgones qu'il faut vérifier systématiquement avant usage et les coquillages en forme de colimaçon qu'il vaut mieux abandonner une fois pour toutes à d'autres utilisations que la décoration de l'aquarium marin.

Est-ce que ces pollutions rendent compte de tous les cas ? Peut-être pas. Il est possible qu'exceptionnellement, l'on doive également incriminer aussi bien la qualité de l'eau d'origine, que celle des sels utilisés.

Que retenir des observations précédentes, au niveau de la santé du poisson, sinon une règle simple : *il ne faut pas introduire les animaux dans un aquarium marin neuf d'une manière trop hâtive ou en quantités trop importantes.*

Mais, cette leçon n'est pas la seule, le destin futur de l'aquarium découle, en partie, de son démarrage : *un aquarium doit être « bien rodé ».*

● **Le vieillissement de l'eau**

Bien entendu, sitôt l'aquarium en fonction, l'eau qu'il contient commence à vieillir. Le vieillissement se traduit à la fois par une baisse progressive du pH qui tend vers des valeurs inférieures à 8 et par l'affadissement de la coloration qui vire d'une transparence bleutée vers une teinte jaunâtre.

Cette altération de la qualité résulte d'une double cause : d'une part, l'eau s'appauvrit en éléments vitaux tels que vitamines, oligo-éléments etc. ; d'autre part, elle se charge en éléments toxiques tels que les nitrites inévitablement présents lorsque trop de nitrates s'accumulent.

En effet, les nitrites en solution sont en équilibre avec les nitrates en fonction d'une relation chimique précise. Les nitrates qui sont dans la nature réutilisés et donc éliminés par les algues, s'accumulent dans l'aquarium en l'absence de ces dernières. La santé de l'aquarium va donc résulter, en grande partie, des changements d'eau. Ce sont eux qui renouvellent les éléments disparus et qui diluent les toxiques.

Voilà pourquoi l'insuffisance des changements d'eau est la principale cause d'échec de certains aquariophiles chevronnés, très expérimentés en aquariophilie d'eau douce, lorsqu'ils se reconvertissent à l'eau de mer corallienne : leur expérience leur nuit. Ils n'ont pas conscience de l'importance des effets néfastes entraînés par l'excès des toxiques azotés en eau de mer.

● **Le renouvellement de l'eau**

La véritable question est bien de préciser quel pourcentage d'eau il faut régulièrement changer et à quelle fréquence.

Sachant d'avance qu'il ne faut pas bouleverser les équilibres fragiles qui se sont mis en place, on sait déjà qu'il faut renouveler cette eau de la manière la plus continue possible. Ce qui signifie que l'idéal serait un goutte à goutte, mais c'est là un luxe réservé aux établissements publics : un goutte à goutte sérieux est onéreux et, en ce domaine, les bricolages d'amateurs conduisent très souvent à des inondations.

A défaut de cette solution presque parfaite, il est bien certain qu'il vaut mieux opérer le plus souvent possible. Et que trois petits changements d'eau sont moins perturbateurs qu'un changement triple effectué en une seule fois.

Quant au pourcentage réel qu'il faut périodiquement renouveler, nul ne peut en réalité le préciser, car il dépend du nombre et de la nature des poissons en place, ainsi que de la sagesse ou de la désinvolture avec laquelle le bac est conduit. Si l'on part cependant de l'idée que nos aquariums sont toujours plutôt trop peuplés, un changement d'eau mensuel, égal au ¼ de la capacité du bac, paraît, sinon indispensable, du moins le plus souhaitable.

Ce changement d'eau, toujours bénéfique, qui est une intervention un peu fastidieuse pour l'amateur et perturbatrice pour l'aquarium, peut, sans trop d'inconvénients, voir son échéance parfois légèrement différée grâce à deux facteurs :

1 — l'action biologique nitrifiante qui peut être favorisée par la présence de «sols biologiques» dont nous allons étudier la réalisation pratique au chapitre suivant.

2 — l'action de l'écumeur.

L'action de l'écumeur

L'écumeur est un appareil dans lequel on fait mousser l'eau par n'importe quel procédé mécanique, et comme chacun le sait, l'eau de mer fortement brassée, produit de l'écume.

L'écume est une mousse persistante formée d'une solution, plus ou moins complète mais extrêmement dense, de matières organiques dont, en particulier, des matières azotées telles des albumines. L'eau usée et fortement teintée, éliminée par l'écumeur est en fait la reconcentration d'un milieu chimique très azoté obtenu par extraction continue des substances solubilisées dans l'importante masse d'eau qui ne fait que traverser l'appareil. L'écumeur est donc en premier lieu et essentiellement un éliminateur d'azote.

● Le maintien des qualités originelles de l'eau

Hélas, malgré siphonnages et écumages, en dépit de tous les efforts que l'on peut faire pour lui conserver ses qualités

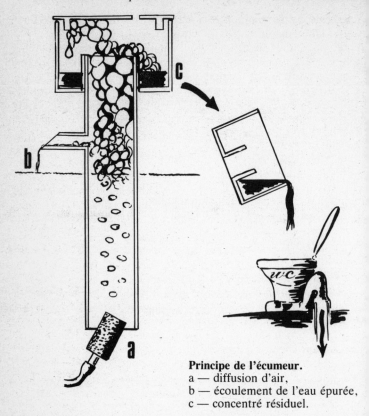

Principe de l'écumeur.
a — diffusion d'air,
b — écoulement de l'eau épurée,
c — concentré résiduel.

originelles, l'eau de mer de l'aquarium est un milieu qui normalement se transforme et change spontanément de qualité à l'usage.

Comme nous l'avons vu ci-dessus, elle connaît un phénomène de vieillissement, auquel il faut ajouter les perturbations apportées par l'aquariophile, qui traite d'éventuelles maladies à l'aide de produits actifs.

Tous ces produits sont par définition solubles et se rattachent à deux grandes familles :
— les produits organiques ;
— les produits métalliques.

○ *Les produits organiques*, après autolyse* ou biodégradation, disparaissent normalement d'eux-mêmes, et c'est à peine s'ils contribuent à enrichir encore l'eau en azote. Pour la raison qu'étant très actifs, ils ne sont utilisés qu'à des doses minimes.

○ *Quant aux produits métalliques*, par exemple le cuivre ils sont chélés*, c'est-à-dire piégés chimiquement par des matières organiques de haut poids moléculaire.

Après un certain délai, les chélateurs* sont eux-mêmes pratiquement éliminés par l'écumeur qui accomplit là sa seconde fonction épuratrice.

Ainsi et c'est heureux, la plupart des produits néfastes, introduits dans l'aquarium, s'amenuisent à la longue. Mais, malheureusement, *il en est de même pour les substances les plus utiles : elles s'épuisent.*

C'est pourquoi la santé de l'eau de l'aquarium, sauvegardée pour l'essentiel grâce aux actions que nous avons indiquées, et notamment par les apports d'eau neuve, peut et doit être renforcée.

Dans ce sens, on obtient de bons résultats par l'adjonction à l'eau du bac, selon la périodicité prévue par le fabricant, de 2 sortes de substances :

— d'une part, des **oligo-éléments**, disponibles dans le commerce spécialisé ;

— d'autre part, des **sels de calcaire**, apportés par exemple dans un lait de chaux*, et qui sont essentiellement favorables aux invertébrés pour la formation de leurs coquilles.

Les sols

Le sol d'un aquarium a une foule de fonctions dont certaines ne sont que décoratives et ce n'est pas l'objectif du livre d'en traiter.

Nous ne nous intéresserons ici qu'aux interférences pouvant exister entre chaque type de sol utilisable et la santé de l'aquarium.

LES SOLS D'EAU DOUCE

Sables et graviers

En eau douce, les sols composés de sables et de graviers n'ont que peu d'influence sur la santé des poissons ou la santé générale de l'aquarium puisque, si l'on respecte la règle de base : *ne jamais utiliser de sables et graviers calcaires*, ils sont chimiquement inertes.

Cependant, ils perdent leur neutralité au fur et à mesure que des déchets divers s'y accumulent, et la plupart de ces résidus sont d'origine organique.

● La première précaution est donc de ne jamais utiliser un sol constitué uniquement de **gros graviers** entre lesquels des déchets importants peuvent s'infiltrer et s'accumuler.

C'est une mesure d'hygiène générale : il faut, toujours et encore, rechercher afin de les éliminer, les causes potentielles de putréfaction localisée.

Un sol constitué de gros graviers n'est envisageable que dans des cas spéciaux : soit l'aquarium en eau courante contenant les truites du poissonnier, soit le bac non filtré, peuplé de poissons rouges. La forte granulométrie du sol aide alors, dans une certaine mesure, au «lessivage» des déchets.

● A l'inverse, un sol composé de **sable trop fin** a tendance à se colmater jusqu'à devenir imperméable à l'air et à l'eau.

Comme l'un des principaux rôles du sable de l'aquarium d'eau douce est de maintenir en place les racines des plantes, il est par définition utilisé en fortes épaisseurs. D'où le risque, en cas de colmatage, que les couches inférieures deviennent le siège des bactéries anaérobies* responsables des fermentations.

Raisonnablement, les risques d'intoxication d'un aquarium d'eau douce, à la suite d'une détérioration d'un sol sableux sont faibles. Ils existent cependant, souvent causés par la putréfaction d'une importante racine de plante, par exemple, un bulbe ou un rhizome.

C'est souvent le sol trop compact qui est responsable de l'empoisonnement de la plante pour cause de fermentation, laquelle amène une putréfaction des racines. Il se produit alors un apport organique, qui stimule le phénomène de pollution générale du sable.

● Par ailleurs, en cas de maladie, ces sols «serrés», lorsqu'ils sont fortement enrichis en matières organiques plus ou moins bien décomposées, constituent un abri et un refuge pour des **germes pathogènes*** et des parasites.

En d'autres termes, ce type de sol compact favorise la survie des kystes, spores, œufs et autres formes de résistances diverses des bactéries ou des protozoaires infectieux.

Or, ces formes de résistance sont souvent réfractaires aux traitements, c'est pourquoi, en cas de maladie parasitaire grave, enrayée par un traitement donné, il faut penser à renouveler l'intervention quelques jours plus tard, même si les poissons, non seulement semblent, mais sont effectivement guéris. Le but de ce second traitement est d'éviter une contamination secondaire due à la reprise d'activité des formes de résistance des différents germes de maladie précités.

Bien évidemment, ce traitement secondaire ne va pas tout éliminer et c'est une constante de l'aquariophilie : des formes de résistance d'organismes pathogènes survivent dans les sols de tous les aquariums même les plus sains.

Ces organismes, sauf en cas d'éclosions massives, ne sont

pas dangereux. En effet, si par malheur ils éclosent, ils doivent encore remplir une obligation avant de pouvoir se multiplier : il leur faut obligatoirement rencontrer, dans un délai assez court, un poisson à parasiter ce qui est souvent statistiquement improbable dans le cas de parasites isolés.

Enfin, pour que la contamination puisse réellement se produire, il faut encore que ce poisson soit déjà affaibli sinon il se débarrassera de lui-même du germe, car où en serions-nous si nous tombions tuberculeux, chaque fois que nous entrons en contact avec des bacilles de la tuberculose !...

● Tout ceci étant dit, il faut encore constater que la nuisance engendrée par ces germes réside aussi dans le fait qu'elle est **à l'origine de confusions** (en eau douce comme d'ailleurs en eau de mer) : si un poisson affaibli est contaminé par des germes, il tombe malade et meurt. On croit alors que c'est la maladie qui a tué l'animal mais c'est une erreur : il est mort de sa propre faiblesse, même si la maladie l'a achevé ou a contribué plus directement à le tuer. Méconnaître ceci conduit à traiter ses compagnons, c'est-à-dire à soigner, trop hâtivement parce qu'inutilement des poissons qui n'en ont pas besoin.

En eau douce, nous disons bien en eau douce, les maladies de l'aquarium ne sont **généralement** pas si virulentes, qu'elles ne laissent le temps de l'observation nécessaire au choix d'une bonne thérapeutique et surtout à une thérapeutique mesurée, c'est-à-dire proportionnée au mal à combattre.

Terreaux et composts

Précisons, en préambule, que les deux mots sont utilisés confusément comme des termes synonymes en matière d'aquariophilie. Il est donc nécessaire de souligner que l'on n'emploie pas les véritables composts, lesquels sont, en vérité, obtenus après fermentation organique.

En aquarium, le terme *compost* signifie simplement mélange non fermenté de différentes terres ou sables aux propriétés distinctes et complémentaires.

● Rôle des terreaux et composts

Le grand intérêt de l'aquarium tropical d'eau douce, réside dans le fait qu'il permet la création de bacs au décor végétal luxuriant.

Mais, pour avoir la chance de pouvoir obtenir un véritable jardin immergé, pour que les plantes puissent connaître une croissance satisfaisante, trois conditions doivent être réunies.

L'aquarium doit bénéficier :

— *d'une eau pas trop calcaire* (moins de 10 à 15 degrés hydrotimétriques français);

— *d'un éclairage abondant* en qualité, en quantité et en durée (cf. MS 77);

— *de la présence d'un terreau ou «compost» nourricier :* il faut nourrir ses plantes.

● Inconvénients des terreaux et composts

Les deux premières conditions nécessaires aux plantes, étant également favorables à la santé de la majorité des poissons, ce sont évidemment les terreaux ou composts qui sont susceptibles d'apporter des déconvenues.

En effet, ils constituent un milieu qui représente un danger pour deux raisons :

— d'une part, *ils sont mal aérés,* tant du fait de leur granulométrie fine que de leur enfouissement sous une couche de sable protectrice, ayant pour but de les mettre hors de la portée des poissons fouisseurs ou fouilleurs. Sans cette précaution, le terreau remis en suspension est d'un effet esthétique douteux. Il transforme d'abord l'eau en encre, puis éventuellement il se redépose sur les feuilles des plantes qu'il étouffe alors que son rôle est de participer à leur croissance;

— d'autre part, les terreaux ou composts sont toujours partiellement de nature organique, c'est pourquoi *ils présentent un danger constant de fermentation.*

C'est la raison pour laquelle ils doivent être allégés au maximum, c'est-à-dire que l'on ne doit jamais les employer purs, mais utiliser une part de terreau, mélangée à deux ou même trois parts de gros sable ou de petits graviers d'une granulométrie de 2 à 3 mm. C'est cette précaution qui élimine les risques de putréfaction.

○ *Certains préconisent même de remplacer le gravier par du charbon actif* dans l'espoir que ce dernier «absorbera» les éventuels produits de la fermentation. Cela risque d'être utopique et même gênant car les grains de charbon ont, en partie, tendance à vouloir remonter et à flotter. Le rôle du charbon actif est autre, nous y reviendrons.

○ Pour être complet, nous préciserons que *l'on incorpore généralement, au compost bien protégé sous le sable, une certaine quantité d'argile* dont le rôle est de favoriser le contact entre les racines des plantes et le terreau.

Cette argile est sans incidence sur la santé des poissons. Et si elle en avait, elle ne pourrait être que bénéfique par contre-coup, puisque l'aquarium est un ensemble et que toute amélioration de la santé des plantes se répercute sur celle des poissons.

Le mécanisme d'action exact de l'argile est trop complexe pour être détaillé ici, mais il est amusant de savoir que les tout premiers aquariophiles en avaient découvert les effets bénéfiques, bien avant que la science ne les expliquent.

● **Origine des terreaux et composts**

Outre la possibilité de fermentation, le second danger, présenté par les terreaux, est le risque d'introduction de toxiques dans l'aquarium et en particulier d'insecticides.

En effet, qu'ils soient agricoles ou horticoles, tous les terreaux sont susceptibles de contenir des insecticides, soit qu'ils proviennent de fonds de pépinières, soit même que dans une optique particulière et légitime, le fabricant les y inclue systématiquement.

C'est pourquoi, excepté le cas où son détaillant en aquariophilie puisse lui fournir un compost destiné aux besoins de l'aquarium, l'amateur est condamné à fabriquer lui-même son propre terreau. Et il existe bientôt autant de formules que d'aquariophiles.

○ Une recette valable consiste à prélever du terreau dans les bois de hêtre, à quelques centimètres sous la surface du sol, c'est-à-dire au-dessous de la couche de feuilles pourrissantes.

Ce terreau est ensuite séché pour être aisément fragmenté,

tamisé pour éliminer les impuretés (coquilles vides d'escargots, bois morts...) puis mêlé au gravier et à l'argile.

● **Les quantités à utiliser**

Le terreau ainsi obtenu, il reste à résoudre un problème fondamental : quelles quantités employer ?

Elles sont bien sûr fonction à la fois de la richesse intrinsèque et inconnue du terreau d'origine, qu'il faudrait pouvoir tester, et par ailleurs, des proportions que l'on a respectées dans le mélange terreau/argile/gravier.

La règle est qu'il est plus aisé d'enrichir par la suite un aquarium insuffisamment fertilisé, que d'éliminer un trop plein de terreau lorsque l'aquarium est en eau. On utilisera donc deux bonnes poignées d'un mélange léger à 1/3 de terreau que l'on enfouira sous deux ou trois centimètres de sable, par exemple dans les deux angles arrières d'un aquarium de 100 litres.

Si ces quantités sont trop faibles, on tentera d'introduire en complément, là où on le désire, des boulettes de terreau humides enveloppées dans du papier que l'on abandonnera dans le bac.

Mais attention !, prudence, il faut bien savoir que lorsqu'un aquarium est trop chargé en terreau, il court le risque d'être vite envahi par des **algues bleues** filamenteuses qui étouffent les plantes et contre lesquelles l'amateur est singulièrement désarmé.

Quelquefois, la situation s'améliore d'elle-même, en plusieurs mois, lorsque l'aquarium vieillit, il devient alors particulièrement beau et fertile.

Parfois également, des changements d'eau accélèrent cette amélioration, si l'eau d'apport est très douce. Mais, fréquemment, la situation semble désespérée à l'aquariophile et elle le conduit à refaire son bac... trop souvent sans terreau.

C'est dommage car il n'y a pas d'aquariums à végétation vraiment luxuriante qui ne bénéficient pas d'un sol riche.

LES SOLS MARINS

De ce que nous avons vu au niveau de la qualité de l'eau de l'aquarium marin, il ressort que l'un des plus grands problèmes de ces milieux est l'accumulation permanente des substances azotées solubles.

Les sols de l'aquarium marin doivent donc être conçus selon deux optiques bien précises :

— ne pas permettre le dépôt de matériaux organiques plus ou moins fins et plus ou moins décomposés ;

— favoriser au maximum les phénomènes biologiques de résorption de l'azote.

La première fonction dépend des qualités mécaniques des sols ; la seconde résulte de l'activité biologique, qui s'effectue dans les sols ou dans les filtres, dits précisément biologiques.

Sables et graviers

Pour ne pas permettre l'accumulation de déchets, les sables de l'aquarium marin doivent être légers de façon à être facilement déplacés par les mouvements des animaux.

On utilise généralement des sables dits de corail dont la partie dominante doit être constituée par des brisures fines de madrépores, accompagnées et non dominées par une partie de sable coquillé formé de paillettes légères.

On évite de disposer ces matériaux en trop forte épaisseur, ailleurs qu'au-dessus des plaques filtrantes branchées soit en «direct», soit en «inverse» (voir page 74).

En l'occurence, le rôle de ces plaques, n'est plus seulement la filtration mais essentiellement et surtout l'irrigation permanente des sols. En effet, c'est grâce à celles-ci que l'on peut être certain de l'oxydation des matières organiques qui risquent de s'y accumuler.

Les sols biologiques, supports de l'activité des bactéries

Les oxydations des matières organiques dans un sol bien aéré sont accompagnées d'une activité bactérienne intense conduisant à une «minéralisation»* de ces matières, c'est-à-dire à une décomposition de la molécule en ses éléments minéraux de base.

Il y a donc activité naturelle de bactéries utiles dans le sol de l'aquarium et le principe du sol biologique (ou du filtre biologique) est de forcer le passage de l'eau jusqu'à ces bactéries. Ceci, afin que ces dernières transforment non seulement l'ammoniaque issu des déchets divers mais également celui provenant des excréments des animaux.

En nourrissant ses animaux, l'aquariophile apporte un excédent d'azote qui est rejeté dans le milieu avec les excréments, en particulier sous forme d'urine, laquelle contient de l'urée, corps chimique instable vite transformé en ammoniaque. C'est cet azote introduit pratiquement directement en solution ammoniacale que l'on tente de nitrifier dans le sol ou dans le filtre biologique.

Le principe va donc consister à faire traverser un sol actif par l'eau chargée d'ammoniaque. Ce sol peut être le sol même de l'aquarium ou un sol disposé dans une cuve externe. C'est la différence essentielle entre le sol biologique et le filtre biologique, le principe utilisé étant le même.

Bien évidemment ces sols ou filtres conservent leurs fonctions propres : le sol, même biologique, agrémente le fond de l'aquarium tandis que l'action du filtre biologique se double d'une activité de filtration mécanique.

● **Les règles de fonctionnement**

Pour que cet élément biologique, ce que l'on a appelé «le cœur de l'aquarium» fonctionne, un certain nombre de conditions doivent être respectées.

○ *En premier lieu, il faut utiliser pour le sol des supports sur lesquels un maximum de bactéries nitrifiantes puissent se fixer.* Et pour cela, il convient de choisir les matières poreuses qui offrent la plus grande surface par rapport à leur volume, ce rapport pouvant varier selon le matériau de 1 à 10 000. Chacun sait, par exemple, que la surface interne d'un grain de pierre ponce est considérable, comparée à sa surface externe.

Ce rapport des surfaces utilisables par les bactéries pour un même volume de sol est une notion que l'on doit garder constamment à l'esprit lors du choix des matériaux constitutifs d'un sol biologique et par extension de tout sol d'aquarium marin.

○ *La deuxième condition évidente est qu'il faut «pousser» l'eau de l'aquarium jusqu'aux agents épurateurs.* En effet, ce ne sont pas les bactéries qui se déplaceront et il est illusoire de compter sur la diffusion spontanée de l'ammoniaque en solution.

Dans un filtre extérieur obligatoirement alimenté par une pompe, le problème ne se pose pas; tandis que dans le cas d'un sol, la meilleure solution consiste à faire cheminer l'eau au travers de celui-ci à l'aide de «filtres plaque» selon l'un des deux schémas ci-dessous :

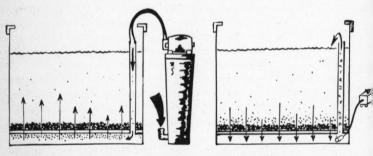

Principe du filtre-plaque utilisé sous le sol de l'aquarium.
— A gauche, passage de l'eau de bas en haut, dit inverse.
— A droite, passage de l'eau de haut en bas, dit direct.

Les deux méthodes ont leurs partisans. D'ailleurs, en fait, dans les deux cas le sol s'encrasse à la longue. C'est pourquoi, il est conseillé d'éliminer par siphonnage les inévitables déchets et impuretés.

○ *La dernière condition qu'il est souhaitable de respecter sera d'aérer et de chauffer l'aquarium neuf ainsi équipé bien avant d'y introduire les poissons.* Loin d'être un gaspillage, agir ainsi c'est favoriser la venue de la microflore qui sera plus tard favorable au bon fonctionnement.

● L'entretien des bactéries nitrifiantes

○ Ces bactéries nitrifiantes vont s'ensemencer spontanément à partir des germes issus de l'atmosphère ou amenés par les divers matériaux, *mais on peut bien sûr favoriser leur apparition rapide par un ensemencement volontaire :*
— soit en introduisant dans l'aquarium une partie de sable ou de masse filtrante d'un aquarium ancien ;
— soit en y introduisant au niveau même des dispositifs prévus pour la nitrification des bactéries lyophilisées ou vivantes issues du commerce.

○ Bien sûr, toutes ces bactéries sont invisibles et pour être certain qu'elles sont présentes, *c'est leur activité que l'on va suivre,* par exemple en observant l'apparition puis la disparition progressive dans l'eau du bac, des nitrates et nitrites.
Pour suivre l'évolution de la concentration de ces dérivés azotés, le commerce offre des appareillages simples (cf. MS 77 et 359) permettant d'effectuer les mesures nécessaires.
Composés d'une éprouvette et de deux réactifs, ces doseurs servent à contrôler en permanence le vieillissement de l'eau dû à l'accroissement de ces matières, donc l'état de santé de l'aquarium.

○ Lorsque l'aquarium est en fonctionnement normal, la population de bactéries nitrifiantes doit s'auto-entretenir, *à la condition toutefois de ne pas l'endommager en utilisant des produits bactéricides.* En cas de maladie grave, si l'on traite par exemple l'aquarium à l'aide d'antibiotiques, il faut penser, le traitement terminé, à restaurer la population nitrifiante par un nouvel ensemencement.
D'ailleurs, en médecine humaine, on ne procède pas autrement lorsque l'on regénère la flore intestinale d'un malade à l'aide d'ultra-levure après un traitement aux antibiotiques à haute dose.
Dans l'aquarium, si on néglige cette précaution, on risque de sauver les poissons de leur maladie mais de les perdre

ensuite en les contraignant à vivre dans un milieu qui a perdu ses propriétés auto-épuratrices.

Ce cas, malheureusement aussi banal que classique, est exemplaire. On pourrait paraphraser et compléter notre axiome : «Il n'y a pas de poisson malade, il n'y a que des aquariums malades» en disant et en ajoutant : *il ne peut pas y avoir de poisson guéri dans un aquarium qui demeure malade.*

Les auxiliaires vivants

Les auxiliaires vivants de l'aquarium sont omniprésents. Déjà les bactéries nitrifiantes, évoquées dans les pages précédentes, étaient des auxiliaires précieux. Tout comme l'ensemble des autres bactéries et des champignons microscopiques qui, opérant en permanence au sein du bac, effectuent le travail nécessaire de fossoyeurs. Mais, ces organismes précieux sont invisibles et de ce fait peu contrôlables.

A un autre niveau, on désigne également sous le nom d'auxiliaires vivants, les animaux et les plantes qui, de par leurs dimensions, sont visibles et donc bien connus des aquariophiles. Ils peuvent être disciplinés ou être favorisés par une action directe.

Auxiliaires vivants des eaux douces

LES PLANTES

Bien des aquariums tournent sans plantes et apparemment les animaux qu'ils abritent ne s'en portent pas plus mal. De là à conclure que le rôle des plantes dans un aquarium d'eau douce est essentiellement décoratif, il n'y aurait qu'un pas qu'il ne convient pas de franchir.

Les plantes ont une activité biologique qui concourt fortement à la maintenance de l'hygiène générale et donc à la santé des bacs et de leurs hôtes.

C'est de ces fonctions que nous traiterons ici.

Les conséquences de la photosynthèse*

Les plantes sont des organismes photosynthétiques, cela signifie que, grâce à l'énergie lumineuse, elles décomposent la molécule de gaz carbonique (CO_2), dont elles conservent le carbone pour la construction de leurs propres molécules organiques. L'oxygène, gaz noble entre tous, puisque nécessaire à la vie, y compris à celle des poissons, est alors rejeté comme un sous-produit de la photosynthèse.

Cet oxygène est ensuite repris et utilisé par tous les organismes vivants de l'aquarium qui en ont besoin pour leur respiration, y compris par les plantes productrices elles-mêmes. Le dicton : «Donner, c'est donner, reprendre c'est voler» n'est pas respecté par la flore aquatique.

De jour, les plantes sont pourvoyeuses d'oxygène puisque si l'on fait le compte entre leurs 2 fonctions (respiration et photosynthèse), on observe qu'elles produisent plus du précieux gaz qu'elles n'en consomment.

De nuit, elles ne photosynthétisent plus et de ce fait, ne produisant plus, elles deviennent des consommatrices franches de l'oxygène, mais sur 24 heures, le bilan général production/consommation reste globalement positif : ainsi, aux nuances près que nous venons d'évoquer, les plantes sont des auxiliaires pourvoyeurs d'oxygène dans l'aquarium.

Il faut cependant observer que, à la rigueur, cette fonction peut être remplie par les auxiliaires mécaniques que sont les pompes à air (cf. MS 77). C'est ce qui explique que, malgré l'éminente utilité de leur rôle, si l'on ne tient compte que de leur fonction photosynthétique, les plantes ne sont pas réellement absolument indispensables.

Les conséquences de la nutrition des plantes

Les plantes ne vivent pas uniquement du carbone atmosphérique qu'elles assimilent lors de la photosynthèse, il leur faut également bien d'autres éléments dont en particulier l'azote et le phosphore.

Les plantes terrestres puisent tous ces éléments dans le sol, les plantes aquatiques, une partie seulement. Dans une proportion variable selon les espèces, elles utilisent également l'azote et le phosphore en solution dans l'eau de l'aquarium, cette part pouvant couvrir la totalité de leurs besoins dans le cas de certaines fougères et plantes flottantes telles que : *Ceratopteris, Lemna, Riccia...*

En bref, puisqu'il est incontestable qu'en règle générale, tout ce qui tend à éliminer les substances azotées ou phosphorées en solution dans l'eau, tend à épurer l'aquarium de ces polluants : la nutrition des plantes est en soi un facteur d'épuration de l'eau d'un bac.

Il ne faut cependant pas surestimer cette activité épuratrice, diverses expériences nous ayant permis de mesurer jusqu'à 40 et 50 milligrammes/litre de nitrates dans des aquariums bien plantés, apparemment sains et en fonctionnement depuis deux et trois ans.

A titre de comparaison, ces quantités sont de l'ordre de 10 à 100 fois celle que l'on mesure dans les eaux des étangs. Cette observation permet de constater, au passage, la relative insalubrité des aquariums tropicaux, et l'utilité des siphonnages et des apports d'eau neuve périodiques.

Les plantes nuisibles

Il en est des plantes d'aquarium comme de toute chose, certaines peuvent être nuisibles, encore que ce qui est nuisance dans un cas peut devenir avantage dans un autre.

Il en est ainsi de toutes les plantes plus ou moins flottantes du genre *Utricularia*. Ces plantes sont des plantes carnivores. Dans les échancrures de leurs feuilles très ramifiées, elles possèdent des bourses capables d'aspirer puis de digérer un organisme de petite dimension.

Elles sont utiles quand elles contribuent à lutter contre la prolifération explosive de protozoaires dans l'aquarium. Elles sont nuisibles lorsqu'elles réduisent à rien les minuscules alevins issus d'une reproduction de petits poissons ovipares.

LES MALADIES DES PLANTES

● Nous connaissons périodiquement des **problèmes d'acclimatation** des plantes d'aquarium. Elles résultent essentiellement de ce que les conditions de cultures intensives, dans les pays exportateurs notamment, sont éloignées des conditions de l'aquarium.

Toutes les plantes cultivées à la lumière du jour et qui reçoivent un rayonnement de 20 000 ou 30 000 lux* ont des difficultés à s'habituer aux 1 000 ou 2 000 lux d'un aquarium fortement éclairé.

● Ces difficultés écartées, il y a peu de maladies connues des plantes d'aquarium, en ce sens que leur étiolement et leur mort résulte le plus souvent de **mauvaises conditions de conservation.**

Ainsi :

— il est illusoire d'espérer conserver une plante éclairée chichement en durée, en qualité ou en quantité ;

— il est illusoire de tenter la conservation d'une plante tropicale dans un milieu insuffisamment chauffé ;

— il est illusoire d'espérer conserver une plante en présence de poissons herbivores. Par exemple : *Scatophagus, Leporinus, Jordanella, Metynnis, Mylossoma, Abramites, etc.* (cf. MS 77) ;

— il est encore illusoire d'espérer conserver une plante tropicale, presque toujours originaire d'une eau peu calcaire, dans une eau dure de plus de 20 °TH (voir p. 28), même s'il n'est pas bon non plus de tomber dans l'excès inverse et de la cultiver dans une eau de moins de 5 °TH.

Les plantes dites d'eau froide, c'est-à-dire d'origine généralement indigène, supportent mieux le calcaire : il y a du calcaire dans les eaux douces d'Europe Occidentale.

Ces premières mauvaises conditions étant éliminées, il est d'autres causes de mauvaise santé des plantes qui sont plus délicates à déterminer. Par exemple, une croissance trop lente souvent due à une malnutrition ou à une carence qui, l'une et l'autre, peuvent être compensées par les éléments du terreau.

La malnutrition

Elle survient, lorsque la plante manque des éléments nourriciers de base, appelés fertilisants. Ces éléments sont les principaux constituants de la matière organique : le carbone, l'azote et le phosphore.

● **Le carbone** utilisé par la plante aquatique est le carbone du gaz carbonique atmosphérique qui diffuse au travers de la surface de l'eau et y entre en solution sous forme d'acide carbonique.

C'est aussi le gaz carbonique rejeté par les poissons lors de leur respiration. Il est donc logiquement présent en excès dans l'aquarium normalement peuplé et il ne semble pas utile d'en rajouter.

En effet, s'il est vrai que, dans le cas de plantes à croissance extrêmement rapide comme des algues planctoniques de laboratoire, on active les cultures les plus denses en faisant barboter dans les flacons un mélange d'air et de gaz carbonique, cela résulte du fait que le poids des algues en culture atteint alors de 4 à 10 grammes par litre. Ce qui est très supérieur au poids des plantes dans un aquarium où ajouter du gaz carbonique ne semble bénéfique que dans certaines circonstances.

● **Quant à l'azote et au phosphore,** abondamment rejetés dans le milieu avec les excréments des poissons, ils s'accumulent dans l'eau sous forme de nitrates et de phophates en solution.

Ceci étant, il faut encore observer que les besoins des plantes ne sont pas uniformes.

Ainsi, parmi les espèces dont la rapidité de croissance peut seule assurer la survie, il faut distinguer celles, comme les fougères, dont les racines servent essentiellement à «l'ancrage» et qui se nourrissent par les feuilles, de celles plus nombreuses qui se nourrissent par les racines.

Les premières n'ont pas un besoin absolu de terreau, les secondes généralement ne peuvent pas croître correctement sur un sol pauvre. Cependant, si l'abondance d'azote et de phosphore en solution dans l'eau n'implique pas obligatoirement une abondance analogue dans le sol, chacun sait qu'un sol d'aquarium s'enrichit progressivement parfois même jusqu'à la toxicité.

● **Le rôle du terreau** est moins d'apporter des fertilisants que de les mettre immédiatement à la disposition des plantes, au bon endroit et sous une forme assimilable, afin que la mauvaise croissance d'une plante d'aquarium ne soit pas due à une malnutrition même passagère.

En bref, le milieu d'un aquarium sans terreau peut être comparé dans une large mesure au milieu d'une culture hydroponique, c'est-à-dire une culture sans sol où les plantes baignent dans une solution nutritive.

Cependant, bien que l'eau de l'aquarium soit trop riche en matières fertilisantes (nitrates et phosphates), elle est extrêmement pauvre comparée au milieu des cultures dites hydroponiques pré-citées. Elle est trop pauvre en tout cas pour assurer la croissance des plantes d'aquarium dites à croissance rapide (exemple : *Myriophyllum*, *Cabomba* ... cf. MS 77), c'est-à-dire à celles, qui dans la nature, sont des espèces annuelles à croissance printanière accélérée. Sans sol nutritif, ces plantes meurent littéralement de faim. Elles ne croissent que sur un fond de terreau ou dans un sable enrichi par des mois d'utilisation.

Les carences

Le mot «carence» peut être employé pour désigner des problèmes liés à la malnutrition d'une plante, tel que nous venons de l'évoquer.

Un agronome dont le but est de favoriser la croissance d'une plante *terrestre* parle volontiers de carence azotée ou phosphorée. Il s'exprime ainsi parce que les végétaux, dont il a la charge, ne baignent pas comme ceux de l'aquarium dans un milieu où tout circule, mais sont strictement inféodés au sol où ils sont enracinés.

Dans ce chapitre, nous réservons le mot carence à la définition d'un phénomène plus subtil : celui des plantes d'aquarium dont le mauvais développement est dû à l'absence, dans le milieu, de ce qu'il est convenu d'appeler «un facteur de croissance».

● La loi du minimum

Il faut savoir que si une plante a besoin pour vivre de certains éléments en grande quantité tels que l'azote, elle a également besoin d'autres éléments en quantités infimes : certains métaux, des vitamines… dont l'ensemble est souvent désigné sous le nom d'oligo-éléments.

En fait et pour être plus précis, les irrégularités de croissance de ces plantes sont généralement dues au non-respect d'une loi fondamentale d'écologie végétale dite «loi du minimum».

Cette loi a été établie par Liebig en 1840 et s'énonce ainsi dans sa version originale : *«La croissance des végétaux est limitée par l'élément dont la concentration est inférieure à une valeur minimum en dessous de laquelle les synthèses organiques ne peuvent plus s'effectuer».*

Cela veut dire que si une plante vit dans un milieu, par exemple déficitaire en fer, sa croissance s'arrête quelles que soient les quantités présentes des autres éléments fertilisants. Rien ne sert de lui fournir un engrais azoté ou phosphoré. De même que l'on ne sauve pas un affamé en le faisant boire, ou un assoiffé en le faisant manger, on ne peut espérer voir la plante reprendre sa croissance que si on lui fournit du fer.

Or, précisément, une carence fréquente en aquarium est celle en fer des plantes cultivées dans des bacs en verre collé.

● La carence en fer

Cette carence est caractéristique : la plante tout comme une plante terrestre se «chlorose» c'est-à-dire blanchit, s'étiole et finalement meurt.

On y remédie de plusieurs façons, par exemple en introduisant du fer dans le sol de l'aquarium sous forme de ferrailles ou de clous. Mais, c'est paradoxal car la rouille, autrement dit l'oxyde ferrique, est insoluble.

De fait, cela mérite une explication : cette rouille insoluble est attaquée dans le milieu biologique du sol de l'aquarium par divers acides organiques. Nous dirons, qu'elle est solubilisée par voie biologique et c'est là que réside la différence entre le milieu stérile de l'éprouvette du chimiste, où la rouille est et reste insoluble, et le «milieu vivant» de l'aquarium où le fer est extrait, de gré ou de force, des molécules les plus réfractaires.

Mais, encore faut-il, pour qu'il devienne utilisable, que ce fer soit présenté sous une forme assimilable par les plantes, c'est-à-dire lié chimiquement à une autre molécule que la plante soit capable de capturer. C'est vraisemblablement cette transformation qui s'opère dans le creuset alchimique du terreau de l'aquarium.

On peut cependant hâter l'opération par une intervention volontaire, à savoir :

— *Première méthode :* en ajoutant des traces* de citrate de fer à l'eau de l'aquarium.

En effet, l'acide citrique[1] entre dans le métabolisme respiratoire des êtres vivants et les plantes sont avides de tout complexe organique à base de citrate ou d'acide citrique.

Le processus d'action est le suivant : le fer, tant qu'il n'est pas ionisé (c'est-à-dire tant que la molécule de citrate de fer n'est pas dissociée) est absorbé avec le citrate. En bref et pour prendre une image, le citrate est le beurre qui fait avaler le fer formant la tartine.

— *Deuxième méthode :* en utilisant un chélateur*.

Nous avons vu que les chélateurs, comme les acides humiques, sont des molécules de haut poids moléculaire qui piègent des petites molécules métalliques. Un acide humique peut inactiver une molécule toxique, il peut aussi, s'il est absorbé par une plante, être le véhicule conduisant un atome de métal du milieu extérieur au milieu intérieur de la plante. En bref et pour reprendre une autre image familière, le chélateur est la sauce qui fait avaler le fer formant le rôti.

On peut donc activer l'absorption du fer par les plantes chlorosées en l'introduisant dans l'aquarium sous une forme «chélée ou chélatée» ou encore sous forme de «chélat».

---

[1] En vente dans les magasins spécialisés en produits chimiques pour laboratoires.

— On peut également combiner les deux solutions en introduisant du citrate ou du perchlorure de fer dans une solution d'un chélateur : le fer éventuellement ionisé sera automatiquement chélaté et deviendra, de ce fait, assimilable.

● **Les chélateurs disponibles en aquariophilie**
— Le chélateur le plus facilement accessible aux aquariophiles résulte d'une décoction des mousses croissant les tourbières acides (*Sphagnum*), c'est *l'extrait de sphaignes*. Ce chélateur naturel et doux peut être utilisé sans danger à de très fortes concentrations ; au pire, il colore l'eau en brun.

Sphaigne

— Dans les laboratoires, on utilise plus volontiers un chélateur de synthèse à l'action plus contrôlable, *l'acide Ethylène Diamine Tetraacétique* (E.D.T.A.).

En aquariophilie, l'E.D.T.A. est utilisé à la dose de 0,5 mg/litre. L'avantage qu'il présente sur les extraits de sphaignes est de permettre la fabrication de milieux aux qualités constantes alors que le pouvoir chélateur des extraits de sphaignes est extrêmement variable.

L'E.D.T.A. présente cependant un inconvénient grave : il a une certaine toxicité propre, aussi ne faut-il jamais dépasser les doses préconisées. C'est cet inconvénient qui lui fait généralement préférer les décoctions de sphaignes.

● Le terreau

Pour résumer, il y a carence lorsque la plante manque d'un élément, qu'elle utilise en très petites quantités, mais qui lui est néanmoins absolument indispensable.

Malheureusement, en dehors de rares cas où la plante malade montre des symptômes caractéristiques, il est pratiquement impossible de déterminer quel est l'élément manquant car il y a des centaines de possibilités.

On soigne donc globalement l'aquarium, en y introduisant un complexe riche des principaux éléments susceptibles de créer une carence par leur déficit : c'est le terreau.

Il faut donc bien distinguer :
— les cas de malnutrition qui se résorbent par l'adjonction de quantités relativement importantes de terreau : *il faut nourrir* ;
— des cas de carence qui se résorbent par l'adjonction de plus faibles quantités de terreau : *il ne faut que compenser.*

En pratique, qui peut le plus peut le moins et lorsque l'on place suffisamment de terreau dans le bac, on fait d'une pierre deux coups. Mais, et c'est là où le distinguo prend toute sa valeur : *un terreau peut être usé bien avant que la totalité des éléments nutritifs qu'il contient, ne soit épuisée.* Il suffit pour cela que certains oligo-éléments soient entièrement consommés.

Ce n'est cependant pas une raison pour introduire des quantités déraisonnables de terreau dans l'aquarium, car l'excès risquerait de favoriser la pullulation de certaines algues ; celles qui croissent de préférence sur les feuilles des plantes (voir le chapitre consacré aux algues).

L'excès de sels minéraux

On considère généralement en aquariophilie qu'un excès de sels minéraux est nocif aux plantes.

La vérité plus subtile doit être nuancée car toutes les plantes aquatiques que nous utilisons sont capables, dans un milieu de culture de laboratoire, de croître à des concentrations de certains sels très supérieurs aux concentrations naturelles.

En fait : d'une part, chaque plante a une réaction propre face à chaque élément particulier en solution dans l'eau. D'autre part et surtout, il ne faut jamais oublier que, au sens de la loi de Gause déjà évoquée page 24, un élément du milieu devient facteur limitant dès qu'il manque. La croissance des plantes cesse alors, quelle que soit l'abondance des autres éléments.

Ces autres sels minéraux n'étant plus consommés, ils ont tendance à saturer l'aquarium. Les diluer par apport d'eau neuve ne permet pas une reprise de la croissance aussi longtemps que le facteur limitant subsiste.

Si à la suite du changement partiel d'eau, la croissance des plantes reprend, c'est parce que l'élément épuisé a été de nouveau apporté par l'eau neuve.

LES ALGUES

Les végétaux capables de réaliser la synthèse des matières organiques à partir d'éléments minéraux grâce à l'utilisation de l'énergie lumineuse qu'ils reçoivent sont dits, comme nous l'avons déjà vu, photosynthétiques.

Au niveau botanique, ils sont composés par deux grands groupes que l'on reconnaît par le fait que leur reproduction s'effectue ou non à l'occasion d'une floraison. On distingue donc les plantes à fleur (*Phanérogames*) des plantes sans fleur (*Cryptogames*). Les Cryptogames photosynthétiques regroupent essentiellement les fougères, les mousses... les algues.

En aquarium, à quelques exceptions près, telles que par exemple la *Bacopa* et quelques *Aponogetons* (cf. MS 77), les plantes ne fleurissent pas. Il est donc parfois délicat de faire la différence entre certaines plantes et certaines grandes algues de port très semblable telles que les Nitelles. Mais si la confusion est possible entre les grandes algues et les plantes, elle est sans gravité puisque les algues nuisibles que nous cherchons à neutraliser sont toutes microscopiques.

Il faut retenir cependant que microscopique ne signifie pas invisible : une tache verte sur une pierre signale la présence d'une colonie d'algues microscopiques dont les composants ne sont pas décelables à l'œil nu. La tache, elle, est bien visible et représente éventuellement une nuisance !

Les algues, même microscopiques sont en tant que plantes des auxiliaires précieux de l'aquarium, mais, parce que la nature n'est pas simple, les principales familles d'algues comportent toutes quelques espèces qui ont perdu leurs propriétés photosynthétiques. Ces espèces vivent soit en saprobie à la manière des champignons (un organisme saprobe est un organisme qui se nourrit de molécules organiques comme des sucres), soit en parasites francs.

> *Le parasite* Oodinium, *connu comme étant l'agent de l'une des maladies les plus virulentes de l'aquarium, est une algue, qui au cours de l'évolution, a perdu son pouvoir photosynthétique. Cela peut sembler bizarre, mais c'est comme ça !*

A tous les niveaux, le rôle des algues dans l'aquarium est très ambigu et il est difficile de trancher et de le donner pour utile ou nuisible. Traditionnellement, les algues sont données comme nuisibles car elles causent de très graves nuisances d'ordre esthétique.

En pratique, on les considère donc comme utiles à chaque fois que l'esthétique n'est pas le but essentiel de l'aquarium, par exemple dans les bacs d'élevage et comme nuisible dans le cas des aquariums de décoration.

Ce raisonnement nous conduit d'une part à expliquer les fonctions utiles des algues et c'est ce que nous allons faire dans le détail, d'autre part à indiquer, indépendamment, des moyens de lutte contre la prolifération de ces végétaux.

Fonction épuratrice des algues

Comme les plantes, les algues ont besoin pour leur croissance non seulement du carbone photosynthétique mais également des matières azotées qui sont les grands toxiques de l'aquarium. Elles remplissent donc toutes les fonctions épuratrices des plantes mais avec une efficacité accrue qui s'explique par leur physiologie accélérée : c'est pourquoi l'on dit qu'elles sont des «pompes à nitrates».

● **La croissance des algues** peut, lorsque les conditions leur sont favorables, être extrêmement rapide et très supérieure à celle des plantes. L'épuration est fonction de cette croissance, laquelle s'accompagne d'une consommation accrue.

Par ailleurs, il faut observer que le nombre d'espèces d'algues susceptibles de coloniser spontanément l'aquarium est suffisamment important pour que l'on rencontre toujours «l'algue de la situation», *la seule condition généralement nécessaire étant la lumière.*

● De très nombreuses algues vertes et bleues sont en outre des **organismes mixotrophes ou autotrophes facultatifs.** De quoi est-il question ?

Un végétal autotrophe est un végétal qui n'utilise pour sa croissance que le carbone photosynthétique ; s'il est autotrophe facultatif, cela signifie qu'il peut, selon les conditions, utiliser soit le carbone photosynthétique, soit un carbone organique du milieu.

S'il est mixotrophe, cela veut dire qu'il peut utiliser simultanément diverses sources de matières nutritives minérales et organiques selon des processus aux combinaisons variables à l'infini.

Il en résulte pratiquement que l'éventail épurateur des algues est beaucoup plus vaste que celui des plantes : on peut cultiver indéfiniment de nombreuses algues (même à l'obscurité pour certaines) en présence de sucres. Rares sont les plantes qui survivent en de telles conditions.

Fonction indicatrice des algues

Quel que soit le rôle épurateur des algues, on ne peut pas raisonnablement compter uniquement sur ces plantes particulières pour épurer l'aquarium et se dispenser du travail que nécessite un entretien normal.

Lorsque l'aquarium a été nettoyé, les algues mobiles et mixotrophes comme les algues bleues vont se fixer préférentiellement et croître dans les zones demeurées plus chargées en déchets. Elles indiquent donc, par leur présence, la trace d'une pollution azotée sinon organique. Lorsque l'aquarium est assez vaste pour que la pollution soit ponctuelle, elles permettent même de localiser cette pollution.

Cette fonction indicatrice des algues est extrêmement utile, et par conséquent les algues bleues le sont également. Si, par le passé, elles ont souvent été considérées comme nuisibles et sales, c'est à la suite d'une confusion entre cause et effet : la confusion entre la pollution de l'aquarium et la croissance algale qu'elle engendre.

C'est la pollution qui est non seulement sale mais encore dangereuse, alors que les algues qui la résorbent sont utiles. Même si elles comportent un aspect disgrâcieux qui nous oblige parfois à les combattre.

La lutte contre les algues

Quand des algues, dont nous venons de constater la fréquente utilité, menacent d'envahir un bac de stricte décoration, il faut bien se résoudre à tenter de les éliminer. Que faire ?

Il n'existe pas actuellement de produit qui soit efficace contre toutes les espèces d'algues ou qui détruise ces dernières sans affaiblir les plantes. En fait, les algicides sont généralement des produits qui limitent la photosynthèse et leur utilisation affecte autant les plantes que les algues. Seules la robustesse et la relative imperméabilité de la paroi cellulaire des plantes supérieures tendent à protéger celles-ci. Ce sont là des barrières bien fragiles.

Fonction particulière aux algues bleues (Cyanophycées)

Les algues dites bleues mais qui peuvent en réalité être de

couleur bleue, verte ou brun foncé, se distinguent des autres algues par le fait que, comme les bactéries, ce sont des organismes procaryotes* sans noyau cellulaire. En bref, les algues bleues et les bactéries sont très proches les unes des autres.

Il existe des centaines de genres et des milliers d'espèces d'algues bleues mais en pratique toutes celles de l'aquarium appartiennent au groupe des Oscillaires*.

Ces algues sont des filamenteuses dont les filaments très courts sont mobiles, elles vivent collées sur les feuilles des plantes (c'est leur côté nuisible) ou sur les pierres et même parfois directement sur le sable de l'aquarium.

Leur éventuelle utilité est donc très sujette à caution, mais la nier en bloc serait une grave erreur. L'aquariophilie est un art de nuances et de jugement qui interdit par définition les interventions brutales. Il faut savoir reconnaître en quelles situations un agent douteux peut devenir utile.

C'est au niveau des **sols** que ces algues montrent une activité épuratrice originale car, joignant la mixotrophie* à la mobilité, ce sont des agents épurateurs locaux de la surface du sable et même des premiers millimètres de la couche superficielle.

La pullulation des algues bleues

Il s'agit du cas particulier où les feuilles des plantes sont entièrement couvertes d'une couche d'algues bleues qui gênent la photosynthèse parce qu'elles occultent la lumière.

Cet accident n'arrive généralement que lors de certaines circonstances, à savoir essentiellement :

— soit dans des aquariums trop riches en éléments fertilisants.

— soit dans des bacs qui viennent d'être refaits de fond en comble : c'est en quelque sorte une maladie de jeunesse des aquariums !

Pour débarrasser un aquarium de ce type d'algues il suffit donc généralement d'attendre. Mais, cette attente ne doit pas être passive, sinon les plantes supérieures risquent de mourir avant la guérison. C'est pourquoi, il faut entreprendre la lutte dès que possible et, sans relâche, favoriser les plantes au détriment des algues. Comment?

— En évitant les pollutions;

— en nettoyant, autant qu'il est nécessaire, les feuilles des plantes entre le pouce et l'index;

— en procédant à des apports brutaux d'eau très peu calcaire; les Cyanophycées, incriminées dans ce cas bien particulier, n'aimant pas les eaux trop douces;

— en immergeant 2 plaques de cuivre dans l'aquarium, traitement relativement actif contre les algues mais présentant un certain danger vis-à-vis des plantes affaiblies;

— en évitant les trop fortes températures favorables aux algues bleues.

LES MOLLUSQUES

Pour l'aquariophile s'intéressant à l'aquarium d'eau douce ou d'eau saumâtre, parler de mollusques revient à évoquer certaines espèces d'escargots et à se demander d'abord si, d'une manière générale, ils ont une incidence directe sur la santé des hommes, des poissons et des plantes.

Il faut reconnaître que les mollusques aquatiques d'eau douce sont par essence suspects. Ce sont les hôtes intermédiaires de prédilection de nombreux parasites.

C'est ainsi qu'une importation personnelle de mollusques aquatiques tropicaux peut être extrêmement dangereuse non seulement pour la santé de l'aquarium, mais également pour celle de l'imprudent importateur. Il ne faut pas oublier, par exemple, que les œufs des nématodes responsables de maladies humaines tropicales aussi graves et aussi répandues que la Bilharziose sont véhiculés par des escargots aquatiques.

Or, il est d'autant plus inutile de courir ce genre de risque que les 3 mollusques classiques d'aquarium — malais, planorbes et ampullaires — suffisent à nos besoins aquariophiles sans que l'on ait besoin d'importer de nouvelles espèces.

Le malais

Une mention particulière d'utilité doit être attribuée à l'escargot dit chinois (*Melanoïdes tuberculata*) qui, nocturne, s'enfonce de jour dans le sable qu'il aère et dans une certaine mesure épure en profondeur.

Cette activité particulière est extrêmement souhaitable notamment dans le cas des aquariums d'eau saumâtre, milieu d'origine de ces mollusques qui y prospèrent remarquablement bien.

Le planorbe

Le planorbe existe en des versions dont la chair est plus ou moins rouge ou noire, les plus rouges étant des albinos. Il ne faut pas trop rechercher quelle est son origine exacte : elle se perd dans la nuit des temps de l'aquariophilie.

On peut, sans risque, affirmer, du fait de la longue expérience acquise par des générations d'aquariophiles, que l'innocent planorbe rouge des aquariums ne présente aucun danger, à quelque titre que ce soit.

● Les déprédations qu'il exerce sur la **végétation** sont insignifiantes, et lorsque l'on entend un aquariophile se plaindre de méfaits, la question qu'il faut se poser est de savoir si cet aquariophile accorde bien à ses plantes l'attention qu'elles méritent.

Le planorbe rouge, s'il respecte les plantes saines, s'attaque par contre volontiers aux plantes malades ou déjà pourrissantes.

A ce titre, c'est un témoin, un indicateur. Lorsque l'on constate que les planorbes s'attaquent aux plantes, avant d'organiser le massacre de ces mollusques, il faut vérifier que toutes les conditions nécessaires à la santé des végétaux sont bien réunies.

● Les anciens aquariophiles considéraient le planorbe comme un **élément d'alarme** censé être gêné bien avant les poissons par toute pollution de l'aquarium. Il faut nuancer cette affirmation. Certes, les planorbes sont sensibles aux pollutions chimiques et il faut s'inquiéter lorsqu'ils meurent massivement sans raison apparente Mais, si par contre la pollution est d'origine organique, ils peuvent être les derniers à survivre.

● La seule **précaution à respecter,** concernant ces mollusques, est de n'introduire dans ses bacs que des planorbes issus d'autres aquariums et non des animaux provenant de mares et d'étangs.

Car, outre le léger risque sanitaire, il faut observer que la survie des planorbes indigènes en aquarium tropical est sûrement délicate. Ils souffrent d'une température trop élevée.

Les ampullaires

Les ampullaires sont de très gros escargots aquatiques, les plus grands de l'aquarium.

Il en existe deux espèces : *Ampullaria gigas* dont la coquille, de couleur jaune, atteint 8 à 10 cm de diamètre et *Ampullaria australis* de 4 à 6 cm de diamètre.

Ampullaria gigas est malheureusement rare et on ne peut pratiquement rien en dire par manque d'expérience sinon que c'est une destructrice de plantes.

Ampullaria australis, de couleur brune, est l'ampullaire commune des aquariums. Etant sensible à la qualité de l'eau, elle constitue un bon test pour dénoncer en particulier les eaux par trop calcaires. N'oublions pas cependant que, à l'inverse, elle peut souffrir d'une eau vraiment très douce. Tout escargot doit trouver dans le milieu suffisamment de calcaire pour assurer la formation de sa coquille.

L'ampullaire est assurément une destructrice de plantes... dès le moment où l'on oublie de la nourrir. Et c'est également une carnivore capable de faire disparaître rapidement un cadavre de poisson. Ce qui n'est pas sans intérêt pour le bon état sanitaire du bac.

Mollusque d'eau douce : l'Ampullaire.

La physe

La physe (Physa acuta) se présente comme une minuscule conque de 4 mm. Espèce indigène, elle se distingue sans ambiguïté des autres mollusques de nos étangs par le fait que la spirale de sa coquille s'enroule dans le sens inverse des coquilles des autres espèces. C'est ce que l'on appelle un coquillage senestre, les normaux étant dextres.

C'est le mollusque le plus décrié des aquariums, sans doute parce qu'il se multiplie très vite et que de ce fait, il est très difficile de l'éliminer une fois introduit.

C'est un bon épurateur qui, comme les espèces précédentes ne fait pas vraiment de mal aux plantes, du moins tant que celles-ci sont en bonne santé.

On peut dire que pratiquement la physe est toujours introduite accidentellement dans les bacs. Certains cherchent à l'éviter, bien que sa présence ne présente aucun caractère de gravité, tant qu'elle ne se manifeste que par la présence de quelques individus.

Mollusques de l'aquarium d'eau douce
1 — Planorbe
2 — Melanoïdes tuberculatus
3 — Physe

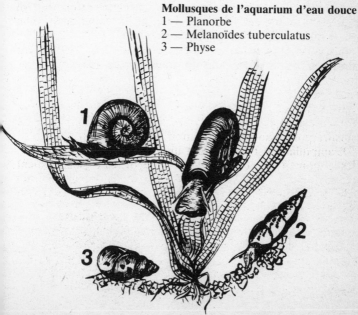

Le rôle des mollusques

En bref, les véritables questions que posent les mollusques sont celles-ci : les escargots compensent-ils leurs éventuelles déprédations végétales par une utilité au niveau de la santé des poissons et peuvent-ils, au contraire, présenter un danger ?

En partant de l'adage qui affirme que tout ce qui favorise une bonne hygiène est favorable à la santé, les escargots divers sont des auxiliaires précieux des aquariums d'eau douce et saumâtre. Ce sont de grands éboueurs qui éliminent la nourriture distribuée en excès, certains étant même capables de faire disparaître un éventuel cadavre de poisson.

Ainsi, les escargots remplissent un **double rôle :**
— *esthétique* en nettoyant l'aquarium d'une partie de ses algues disgrâcieuses ;
— *sanitaire* en diminuant le volume des matières organiques présentes dans le bac.

Ce dernier rôle fondamental pour lutter contre la pollution est particulièrement utile dans certaines circonstances. Exemple : dans les bacs où l'on fait grossir les alevins, car il n'est bien sûr pas compatible de chercher à obtenir une croissance satisfaisante de ces derniers et de vouloir leur mesurer la nourriture pour ne pas polluer le bac.

Attention cependant : dans les aquariums nursery, les mollusques dévorent parfois les œufs de poissons, c'est pourquoi on recommande généralement de ne pas introduire les escargots, avant que les œufs ne soient éclos et que les alevins n'aient une taille raisonnable.

Le combat contre les escargots

La santé de l'aquarium c'est aussi la santé des plantes et quand les feuilles de ces dernières sont transformées en passoires par des cohortes serrées de mollusques, force est bien d'intervenir :
— soit en introduisant des poissons mangeurs d'escargots : *Tetraodons ;* certains *cichlidés* et certains *botias* (cf. MS 77)

— soit en plongeant de nuit dans l'aquarium une feuille de laitue ou d'épinard pochée, que l'on retire le lendemain matin, pleine de mollusques.

Auxiliaires vivants des eaux de mer

LES ALGUES

Les algues microscopiques de l'aquarium d'eau de mer se comportent globalement d'une manière semblable à celles de l'aquarium d'eau douce, nous n'y reviendrons donc pas.

Mais l'aquarium marin comporte une particularité. Outre les microscopiques précitées, il peut abriter des algues ressemblant à des plantes et qui sont dites macrophytes* comme les *Caulerpa* ou des algues filamenteuses de couleur verte qui appartiennent aux genres *Cladophora* et *Vaucheria*.

Les premières, qui sont aussi belles que les plantes supérieures, ne peuvent bien sûr exister que si elles ont été introduites, alors que les secondes s'implantent généralement spontanément. Il suffit, si les conditions nécessaires à leur développement sont réunies, que des spores se soient trouvées dans l'eau de transport d'un poisson ou même dans le « jus » d'une moule.

Les algues filamenteuses, bien éclairées ont la même dynamique de croissance que les algues microscopiques, mais comme il est facile de les retirer de l'aquarium, on possède là un moyen permettant d'extraire de l'azote.

Quel azote ? L'azote provenant des excréments des animaux, qui s'est solubilisé dans l'eau, et que les algues ont réassimilé pour les besoins de leur croissance.

En exportant l'algue, on exporte la pollution azotée du bac. En théorie, ce système est parfait, en pratique, l'expérience montre qu'il fonctionne mais bien sûr, à une échelle trop petite pour que l'on puisse espérer éliminer ainsi

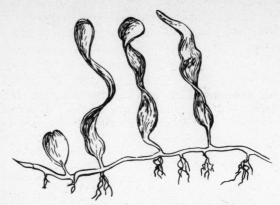

Une algue décorative de l'aquarium marin : Caulerpa prolifera.

toute la pollution azotée de l'eau car il faudrait mettre en œuvre des masses d'algues considérables.[1]

> *Les filamenteuses vertes,* Vauchéria *ou* Cladophora *s'éliminent ou plutôt se récoltent en vue d'élimination, en les roulant sur une baguette de bois rugueuse à la manière d'un fuseau de bergère.*

L'intérêt des algues

En bref, il faut retenir que pour «la santé de l'aquarium», l'intérêt des algues est double :
— elles constituent, tout au moins pour celles qui sont comestibles et appréciées, un *apport alimentaire* rafraîchissant pour certains poissons à tendance végétarienne.
— elles agissent comme *«pompe» à nitrates,* ces derniers n'étant que le terme final des dérivés ammoniacaux qui ne sont rien d'autre que le produit du cycle de l'azote évoqué dans un chapitre précédent.

[1]. Le principe du filtre à algues, sous forme de champs de Caulerpes, a été appliqué dans certains aquariums publics, notamment ceux de Nancy et de Trouville.

LES INVERTEBRES

Les invertébrés de l'aquarium tropical marin sont méconnus. Généralement très spectaculaires, ils sont parfois introduits dans les bacs en tant qu'éléments vivants au même titre que les poissons (Leur prix d'achat d'ailleurs est souvent du même ordre de grandeur que ceux de ces derniers).

Après avoir observé en préambule que les invertébrés avaient leurs propres problèmes de maladies, que celles-ci demeuraient mal connues, mais semblaient, faute de connaissances précises, davantage dues à de mauvaises conditions de conservation qu'à des causes microbiennes —, il faut constater que les «relations» pouvant être établies entre les invertébrés et «la santé de l'aquarium» sont multiples. En effet, elles se posent :

— entre certains invertébrés et les autres habitants du bac, quels qu'ils soient ;
— entre invertébrés ;
— entre invertébrés et poissons ;
— entre certains invertébrés et... l'homme.

Les relations entre certains invertébrés et d'autres habitants

Quelques invertébrés présentent un danger certain pour les autres habitants de l'aquarium, par exemple les *holoturies,* dont certaines espèces sont susceptibles de rejeter des poisons violents dans le bac à la suite de perturbations intempestives.

C'est encore, parmi les *Céphalopodes,* le cas des pieuvres dont le bac doit être fréquemment siphonné car elles sont capables de s'auto-intoxiquer elles-mêmes, du rejet de leur propre mucus.

Les relations entre invertébrés

Là également, on constate des incompatibilités d'humeur,

notamment parmi ces fleurs de la mer que sont les *anémones* et les *cérianthes*. Si elles entrent en contact, elles s'occasionnent parfois des brûlures réciproques, si graves qu'elles peuvent entraîner la mort.

Les relations entre invertébrés et poissons

Là encore, il y a des impossibilités, ne serait-ce que pour raisons gastronomiques! Les *anémones* risquent de tuer les poissons que leurs tentacules peuvent happer, pour les manger. A l'inverse, certains poissons, des *Chaetodons* par exemple, se font un régal des tentacules d'anémones...

Les relations entre certains invertébrés et l'homme

On ne peut pas clore le chapitre de la santé des invertébrés marins sans préciser que certains coquillages peuvent être dangereux pour l'homme, par exemple les cônes (voir chapitre *« L'amateur et les dangers de l'aquarium »*).

Certes, les gastéropodes de ce genre *Conus* n'apparaissent que rarement dans les aquariums des magasins d'aquariophilie, mais il n'y a pas lieu de le déplorer : sans les connaissances particulières dont sont parfois dépourvus les pêcheurs, commerçants et amateurs qui les manipulent, la prudence impose la plus grande méfiance. L'abstention n'est d'ailleurs pas un sacrifice, compte tenu que l'intérêt de ces animaux en aquarium est médiocre, la vie des cônes étant assez statique.

Les invertébrés et leur santé

En vérité, aussi fondées que soient les observations consignées ci-dessus, le véritable problème des invertébrés marins n'est pas là.

Il résulte de ce que la thérapeutique la plus universelle et la plus facile à manier, lorsque l'on veut soigner des poissons, fait appel comme nous le verrons au chapitre «Maladies» à l'utilisation de cuivre et de sels de cuivre, or les invertébrés marins ne supportent absolument pas le cuivre.

Il en découle que la coexistence d'invertébrés et de poissons en un même bac, risque de contraindre l'amateur à utiliser des thérapeutiques qui, il faut bien le reconnaître, ne présentent généralement pas la même efficacité et en tout cas, la même universalité que le cuivre.

La santé dans la cohabitation poissons — invertébrés

La solution facile, souvent préconisée, est de ne pas élever les invertébrés dans les mêmes bacs que les poissons. C'est bien sûr la sagesse, mais elle est un peu trop limitative pour pouvoir être retenue par un amateur «démangé» par le désir d'adjoindre une anémone à ses poissons clowns!

● L'autre solution, qui a le mérite d'être plus réaliste, consiste à **peu charger** en poissons les aquariums contenant des invertébrés. Ceci, afin de conserver un bac le plus propre possible.

● Outre cette précaution, une autre mesure prophylactique est indispensable : elle consiste à n'introduire aucun nouveau poisson sans lui avoir fait subir une **quarantaine** rigoureuse. Le proverbe : «il vaut mieux prévenir que guérir» n'est plus seulement un sage conseil, mais devient une nécessité absolue, avec ce type de bac mixte tropical.

● Dans le cas de l'**aquarium indigène,** qui est souvent méditerranéen, on peut, sans prendre trop de risques, mélanger poissons et invertébrés. En cas de maladie, on est moins pressé par une nécessité d'intervention rapide car, si l'aquarium est convenablement installé et entretenu, les poissons de nos côtes guérissent souvent sans aucune intervention. A la condition, toutefois, que l'aquarium soit sain, et *suffisamment réfrigéré.*

● Et, comme trop d'amateurs confondent abusivement

poissons d'eau froide et bac simplement non chauffé, en pratique, il est sage de considérer que *l'aquarium mixte invertébrés/poissons n'est pas un aquarium de débutant.*

On ne doit l'aborder qu'après avoir acquis une solide expérience en aquariophilie, suffisante en tous cas pour savoir reconnaître les principales maladies, établir leur diagnostic et leur trouver rapidement le remède, sans cuivre, qui convient (cf. à ce sujet le chapitre *« Les produits thérapeutiques »*, page 193).

Des micro-témoins de la santé

Dans un aquarium marin, on observe généralement assez rapidement, l'apparition de petits animaux blancs, de moins d'1 mm, qui circulent le long des glaces par bonds successifs.

Il s'agit de microcrustacés, des *copépodes* du genre *cyclopes* ou d'un genre voisin. Ces animaux ne sont, en aucun cas, dangereux, pour les poissons du bac. Leur présence et surtout leur maintenance dans un aquarium, indiquent que sont réunies les conditions d'équilibre favorables au bon fonctionnement du bac.

Mais, en cas de traitement au cuivre, bien qu'ils soient relativement résistants, ils vont disparaître presqu'obligatoirement.

Leur réapparition ultérieure sera un indice précieux : l'indication que le cuivre en solution que l'on a été contraint d'introduire, est pratiquement résorbé, ou plutôt a été éliminé par le travail de l'écumeur ; l'on pourra en conclure que l'aquarium est libéré de toute matière toxique et redevenu parfaitement sain.

DEUXIÈME PARTIE

De l'acclimatation à la santé des poissons

Les techniques d'hygiène

Faut-il dire que l'hygiène générale d'un aquarium est une condition primordiale à la conservation des animaux qu'il abrite ?

Nous savons très bien que des mammifères élevés en captivité sans hygiène sont exposés à beaucoup plus de maladies que les autres. Même si l'on peut observer que, une fois passée l'hécatombe, engendrée par les épidémies, les survivants, littéralement vaccinés, résistent pratiquement à tout ! Nous avons ainsi observé des élevages de rongeurs à l'hygiène moyenne, mais cependant très prolifiques car ils étaient issus d'une souche hyper-sélectionnée.

De telles pratiques ne peuvent pas être extrapolées à l'aquarium car l'eau est, par elle-même, un excellent vecteur* des maladies. En milieu terrestre, une épidémie est toujours limitée dans sa propagation. Ce n'est pas vrai en milieu aquatique.

Voilà pourquoi, puisque la santé de l'aquarium en dépend, il nous faut examiner les différentes techniques renforçant l'hygiène : l'éclairage, l'aération, les filtrations, la stérilisation par ultra-violets ou l'écumage.

L'éclairage

En eau douce

L'éclairage est en eau douce un élément secondaire de l'hygiène générale des aquariums. En milieu terrestre, laisser le soleil pénétrer à flot dans une étable, c'est permettre que le sol soit brûlé par les rayons ultra-violets, c'est une habitude thérapeutique, ou plutôt préventive, saine. En aquarium, cela ne sert à rien, pour la raison que les ultra-violets ne pénètrent pas des couches d'eau épaisses.

La lumière est cependant importante :
— d'une part, et c'est le bon sens même, *elle représente l'outil d'investigation permettant d'observer :* par exemple, une accumulation de déchets dans un coin sombre ;
— d'autre part, et surtout, la lumière a un rôle aussi prépondérant qu'irremplaçable vis-à-vis des plantes. *Elle favorise la croissance végétale* avec toutes les conséquences et tous les avantages que nous avons vus.

En eau de mer tropicale

On est loin des milieux plus ou moins ombragés et sombres des eaux douces serpentant à travers des forêts tropicales, en eau de mer corallienne la lumière est un élément indispensable à la santé psychique des habitants de l'aquarium.

Le milieu corallien, d'où proviennent les poissons, est intensément éclairé, et les animaux que l'on élève chez soi sont quasiment tous des animaux diurnes.

Par conséquent, tenter de conserver un poisson corallien dans un bac sombre, c'est le placer d'emblée dans une situation qui va le diminuer psychiquement. Cela correspond pratiquement à ouvrir la porte à toutes les affections secondaires possibles.

Si le poisson veut se sécuriser à l'ombre, ce doit être à la suite d'un choix personnel, on doit donc lui ménager des cachettes sombres dans un aquarium clair. C'est si vrai que beaucoup de poissons se placent dans un trou «comme à la fenêtre», le museau tourné vers l'extérieur et sa lumière.

L'aération

L'aération hygiénique

L'aération de l'eau représente le moyen de bien oxygéner

celle-ci afin de favoriser la respiration des animaux, c'est fondamental, mais cela ne constitue pas, à proprement parler, une fonction hygiénique.

Au niveau de l'hygiène, oxygéner l'eau en l'aérant c'est favoriser l'oxydation de toutes les matières organiques présentes. C'est permettre, comme nous l'avons vu, la nitrification des formes toxiques de l'azote (NH4) jusqu'aux formes moins nocives (NO3).

● **Les moyens techniques** à mettre en œuvre pour aérer un aquarium d'eau douce sont extrêmement simples, ils se résument en un compresseur, un tuyau et un diffuseur (cf. MS 77 et 359).

Un diffuseur peut être placé à proximité de l'orifice d'entrée d'un filtre, vers lequel les courants d'eau qu'il provoque drainent les déchets. Il doit, si possible, être situé à proximité des appareils de chauffage afin de permettre, par brassage mécanique, une bonne répartition de la chaleur dans l'ensemble du bac.

● La question délicate et mal résolue est de **quantifier le volume d'air** qu'il faut injecter dans l'aquarium. Le débit horaire des petits compresseurs utilisés par les amateurs (débit par ailleurs rarement indiqué par le fabricant) varie, tant en fonction des contre-pressions engendrées par la hauteur d'eau, que par la qualité ou l'âge du diffuseur.

En pratique, c'est par son expérience personnelle ou à défaut, grâce aux conseils de son détaillant que l'aquariophile résout ce problème.

Chaque cas est particulier. Ainsi, on croit couramment que certains poissons comme les *Anabantidés* (cf. MS 77) peuvent se passer entièrement d'une aération de l'aquarium puisqu'ils disposent de systèmes respiratoires complémentaires leur permettant d'utiliser l'oxygène atmosphérique[1]. C'est globalement exact mais partiellement faux dans ce sens que, s'ils peuvent se passer d'un complément d'oxygène respiratoire,

---

[1] A ce propos, signalons au niveau des accidents extraordinaires que l'on «noie» un poisson *Anabantidé* si on lui interdit de revenir régulièrement piper de l'air en surface

ils demeurent tributaires de l'oxygène concourant à la salubrité du bac.

L'aération thérapeutique

Dans le doute, il est toujours délicat, pour ne pas dire dangereux, de réduire l'aération d'un aquarium, surtout dans le cas de maladies déclarées.

La solubilité de l'oxygène est fonction inverse de la température, c'est-à-dire que les eaux chaudes sont moins pourvues en oxygène dissous que les eaux froides. Ainsi, une truite, poisson d'eau froide, va mourir si on la place dans un aquarium trop chaud. Elle ne meurt pas de l'excès de chaleur, elle périt d'asphyxie parce que l'eau ne contient plus assez d'oxygène pour subvenir à ses besoins respiratoires.

De même, dans l'aquarium tropical, en cas de maladie, la première intervention thérapeutique doit toujours consister à renforcer les défenses naturelles des poissons en activant le métabolisme de ceux-ci.

Comment ? D'abord en montant la température du bac de quelques degrés, de 24 à 27 par exemple. C'est une méthode simple et efficace qui comporte cependant un inconvénient : en procédant ainsi, on diminue la solubilité de l'oxygène dissous avec pour conséquence, une diminution de la réserve d'oxygène disponible de l'aquarium.

Cela crée une situation dangereuse qu'il faut absolument compenser en augmentant le débit des diffuseurs. Ainsi on accélère le renouvellement de l'oxygène dissous dans l'eau au fur et à mesure de sa consommation.

Telle est la première double règle thérapeutique à appliquer. Dès l'apparition d'une maladie, il faut augmenter simultanément la température et l'aération de l'aquarium.

La filtration mécanique

Le filtre représente le plus important des appareils concourant à l'hygiène de l'aquarium. Il a pour rôle d'éliminer les matières en suspension dans l'eau, lesquelles sont des déchets organiques susceptibles de subir des fermentations.

Un filtre agit comme un épurateur mécanique de l'eau. A ce titre, il a une mission fondamentale dans le maintien de l'hygiène dans l'aquarium. Son action, ou mieux son efficacité est fonction de 3 paramètres : son débit, sa maille, sa capacité.

Le débit

C'est un concept apparemment très simple, puisque le débit d'un filtre, n'est rien d'autre que *la quantité d'eau qui le traverse en un temps donné*. Cependant, le contact quotidien avec les aquariophiles démontre que cette notion n'est pas toujours perçue dans toutes ses subtilités.

Combien de fois avons-nous entendu dire : «Mon filtre débite 200 litres/heure, mon aquarium ne contient que 100 litres alors toute mon eau est filtrée et même filtrée plusieurs fois en une seule journée!» Or, ce raisonnement, qui semble à première vue, avoir toutes les apparences de la logique est en réalité complètement inexact.

En effet, dès qu'il a tourné quelques instants, l'appareil ne filtre plus uniquement de l'eau sale mais un mélange d'eau sale et d'eau déjà filtrée ou recyclée. Il tend, en fonction de son débit et des volumes manipulés à favoriser le brassage d'un mélange de plus en plus riche en eau recyclée.

Le filtre pourrait tourner un siècle, il resterait toujours dans le bac une fraction infinitésimale de l'eau sale d'origine. L'appareil ne filtrerait l'eau en totalité que s'il était utilisé à la transvaser d'un aquarium à un autre.

● En pratique, le travail bienfaisant d'un filtre résulte de l'effet produit par la **rapidité de son action** opposée à la rapidité de pollution de l'eau. Et, l'on peut dire que si l'effet recherché est d'extraire des déchets flottant dans un but d'esthétique, une efficacité de 80 à 90 % d'élimination est plus que suffisante.

● Par contre, si l'on veut — en dehors de toute intervention médicamenteuse — **éliminer un parasite** grâce à un filtre, l'efficacité de celui-ci peut être nulle... même s'il retient effectivement le parasite dans sa charge filtrante.

En effet, l'efficacité du filtre est annulée chaque fois que les parasites de l'eau de l'aquarium parviennent à se multiplier plus vite qu'ils ne sont piégés par les matières filtrantes.

On ne peut donc pas espérer faire disparaître les parasites d'un aquarium au moyen de la seule filtration, sans tenir compte : du débit du filtre, du volume de l'eau recyclée et de la vitesse de reproduction du germe considéré.

● Enfin, il existe une autre donnée qu'il faut garder en mémoire. C'est que le débit porté sur les pompes électriques des **filtres à moteur** correspond au rendement à vide. Celui-ci est réduit, dès que l'on place une charge.

Quant à l'efficacité générale, elle dépend, en grande partie, de la masse filtrante utilisée. Celle-ci ne doit être ni trop serrée pour ne pas réduire exagérément le débit, ni trop lâche et ne rien retenir.

La maille

Un filtre en dernière analyse est une sorte de tamis dont la maille correspond à la dimension des interstices de la grille ou de la masse filtrante qui le constitue.

C'est donc le bon choix de cette maille qui donne à l'appareil toute son efficacité. En effet, il est vain d'espérer éliminer les déchets en choisissant une maille trop fine qui se colmate rapidement.

● Prenons un exemple où justement la maille du filtre a une action directe au niveau de la santé de l'aquarium.

Les poissons *Cichlidés* du Lac Malawi (cf. MS 77) sont de gros mangeurs. De ce fait, ils polluent fortement l'eau de leur aquarium, ce qui est d'autant plus ennuyeux qu'ils sont particulièrement sensibles à la présence de matières en suspension dans leur milieu. Très souvent, ces poissons lorsque l'eau se charge des dites matières en suspension, commencent par devenir timides et se cachent.

C'est le signe d'un déséquilibre psychique qui, s'il persiste, peut entraîner des troubles plus graves et les exposer à contracter toutes sortes de maladies infectieuses qui, pour n'être que des troubles secondaires, n'en sont pas moins dangereux.

Si l'on épure l'eau de l'aquarium, on assiste à un miracle (!) : les poissons redeviennent immédiatement actifs. Dans un tel cas, on peut écrire qu'une activité de filtration purement mécanique devient une thérapeutique.

Si l'on observe le phénomène plus attentivement, on remarque que ce sont essentiellement les particules très fines qui gênent les animaux. Ce qui est confirmé par le fait que, ces espèces restent parfois actives dans des eaux turbides, lorsque les matières en suspension sont de taille relativement grosse.

● Cependant, le devenir d'un gros déchet, par exemple organique, est de se fragmenter. Si bien qu'en pratique, c'est quasiment toujours une soupe composée de **particules de toutes les tailles** qu'il faut éliminer, les plus fines n'étant que le résultat du fractionnement permanent des plus grosses.

C'est alors que la santé des poissons dépend pour une grande part de l'utilisation du filtre adéquat :

— *si l'on utilise exclusivement une maille large,* on élimine les gros déchets en laissant passer les particules fines et les poissons continuent à souffrir ;

— *si l'on emploie une maille fine,* on élimine théoriquement tout, mais en fait, le fonctionnement du filtre devient inefficace car il est continuellement colmaté ;

— ce dilemme comporte une solution : elle consiste en *l'utilisation successive de 2 tailles de mailles,* grosse d'abord et petite ensuite. Ainsi, on limite l'engorgement et donc le colmatage de la masse filtrante lors de la filtration fine.

En pratique, ce qui importe dans le cas de poissons délicats c'est d'opter pour une filtration réduisant au minimum la durée de l'épuration totale du bac. Ce gain de temps étant souvent ce qui sauve les animaux.

La capacité

On appelle la capacité d'un filtre, *la quantité d'eau qu'il peut épurer avant d'être colmaté*. Si les particules sont très fines, elles migrent lentement au travers de la masse filtrante. La capacité du filtre devient alors la quantité d'eau qu'il peut épurer avant que sa charge filtrante ne soit traversée de part en part par les impuretés.

● **Il ne faut jamais utiliser un filtre au-delà de sa capacité.** Au-delà, l'efficacité devient nulle, pour l'une des deux causes suivantes : ou bien le débit est réduit à rien par le colmatage, ou bien le filtre rejette autant de particules qu'il en arrête.

Le danger résulte du fait que, même si l'eau de l'aquarium a une limpidité acceptable, un filtre qui tourne au-delà de sa capacité fait énormément de mal aux habitants de l'aquarium. Pourquoi ?

Parce qu'un filtre mécanique, qui n'a plus d'effet mécanique, devient un filtre chimique fonctionnant dans le mauvais sens. C'est un appareil de percolation sur des matières organiques en décomposition plus ou moins avancées. Il en résulte que l'eau qui le traverse, se charge continuellement en produits solubles toxiques.

La filtration stérilisante

La filtration n'a qu'un rapport indirect avec la santé de l'aquarium, dans ce sens qu'elle n'est que l'un des moyens permettant d'entretenir une hygiène de qualité.

Cependant, dans un cas bien précis — celui de la filtration stérilisante —, le filtre cesse d'être un appareil favorisant le maintien d'une bonne condition générale de l'aquarium pour devenir un moyen de lutte directe contre l'infection.

Principe du filtre stérilisant

Bien entendu, il faut au préalable distinguer les maladies parasitaires et infectieuses des maladies ou des troubles sans agent de transmission contre lesquels le filtre stérilisant ne peut être d'aucun secours.

Lorsqu'il y a un agent infectieux, ce dernier est sinon microscopique du moins d'une taille inférieure au millimètre. Un tel organisme est généralement très sensible au déssèchement, il doit donc, en milieu aérien :

— soit n'être véhiculé que protégé par une enveloppe liquide quelconque (exemple : postillons, crachats...) ;

— soit être transporté par un organisme intermédiaire vecteur* de la maladie (exemple : escargots, mouches,...).

— soit former des kystes résistants à la sécheresse dont heureusement le pouvoir germinatif est toujours incertain.

En milieu aquatique, la contagion est malheureusement beaucoup plus facile puisque l'eau, elle-même, constitue le véhicule de propagation du germe.

Cela signifie que, si l'on rend le transport des germes impossible, on n'apporte certes aucune amélioration à l'état des poissons déjà contaminés, mais par contre, on empêche l'épidémie de s'étendre.

En dehors des moyens chimiques ou pharmaceutiques — que nous examinerons au chapitre «Maladies» et qui traitent à la fois le poisson malade et l'eau —, nous disposons de deux méthodes qui, bien utilisées, limitent la propagation des maladies :

— l'usage des rayons ultra-violets que nous étudierons plus loin ;

— l'usage des filtres stérilisants.

● Un filtre stérilisant est un filtre dont la **maille** de la charge filtrante est assez fine pour arrêter l'agent pathogène véhiculé par l'eau.

Comme presque tous les germes pathogènes sont des «microbes», par exemple des bactéries d'une taille de 1 à 3 microns (millièmes de millimètre), la maille de la charge du filtre stérilisant doit être microscopique.

On comprend tout de suite que la masse filtrante, ainsi constituée, oppose une résistance considérable au passage de l'eau qui donc ne pourra être pulsée que par une pompe extrêmement puissante.

● En d'autres termes, si le moteur de **la pompe** d'un filtre stérilisant n'est pas assez puissant, le débit devient si faible que les germes pathogènes ont le temps de se multiplier, compte tenu que leur reproduction, dans l'eau de l'aquarium, est plus rapide que leur élimination par l'action mécanique du filtre.

Il faut savoir, en effet, que dans les meilleures conditions, une bactérie, qu'elle soit pathogène ou non, se divise une fois toutes les 20 minutes. Ce qui signifie que la population bactérienne d'un aquarium double toutes les 20 minutes.

Un calcul simple montre alors que, si la moitié de l'eau du bac est filtrée en ce laps de temps et complètement assainie, le niveau de la population bactérienne reste constant !

Il faut donc que plus de la moitié de l'eau de l'aquarium soit épurée en 20 minutes pour que la population bactérienne régresse. C'est dire que plus le débit d'un filtre stérilisant est grand, plus les chances de rencontre entre un poisson et un germe pathogène diminuent. A l'inverse, si le débit en 20 minutes est inférieur à la moitié de la capacité du bac, le filtre est inapte à enrayer la contagion ; au mieux, il va la ralentir.

La double action du filtre stérilisant

Dans la pratique de l'aquariophilie, le problème n'est pas toujours aussi simple qu'il vient d'être énoncé. Le cas évoqué d'une prolifération régulière de bactéries pathogènes est exceptionnel. Il avait surtout pour rôle de faire comprendre que l'efficacité du filtre, quand il est utilisé comme seul agent thérapeutique hors de tout emploi de médicaments, résulte d'une course vitesse entre ses performances d'une part, et le rythme de la multiplication des germes, d'autre part.

Dans la réalité, la contamination d'un aquarium n'est que rarement due à un organisme se trouvant également réparti dans toute la masse aquatique et ayant une croissance régulière. Plus généralement (c'est le cas des protozoaires pathogènes), le parasite qui se développe sur un poisson contaminé, libère simultanément un très grand nombre d'individus migrateurs de son espèce. La plupart de ces migrateurs se fixent immédiatement au poisson le plus proche d'eux, c'est-à-dire à celui-là même qui avait déjà été contaminé par leur germe parental, tandis que les autres, en très grand nombre encore, se disséminent partout.

En bref, le filtre stérilisant ne doit plus alors éliminer seulement des germes qui se multiplient régulièrement mais également ceux qui apparaissent brutalement et massivement dans le milieu. L'utilisateur doit alors utiliser son filtre, comme un appareil devant répondre simultanément à deux exigences, heureusement non contradictoires :
— éliminer les germes à croissance régulière au fur et à mesure de leur prolifération ;
— faire face à une production massive de parasites.

Un fort débit répond à cette double exigence, et il ne faut pas craindre de laisser le filtre agir très longtemps, voire des semaines après la contamination ; ceci afin qu'il demeure en action dans le cas d'une prolifération secondaire brutale, à laquelle souvent, d'ailleurs on ne croyait plus.

Des filtres stérilisants pour aquarium, on retiendra 2 modèles :
— le filtre à terre à infusoires,
— le filtre à sable.

Le filtre à terre à infusoires

Le filtre à terre à infusoires est un filtre dont la charge

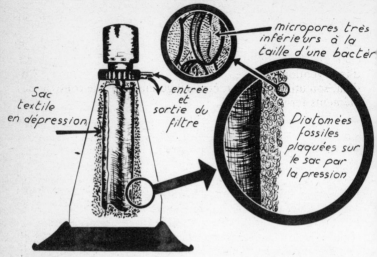

Sac textile en dépression

entrée et sortie du filtre

micropores très inférieurs à la taille d'une bactér

Diatomées fossiles plaquées sur le sac par la pression

Principe du filtre à terre à infusoires.

comporte une poudre nommée terre à infusoires ou d'infusoires ou encore *Diatomine* ou Diatomite...

Cette terre d'infusoires est en fait constituée du squelette siliceux d'algues diatomées fossiles. Les diatomées sont des algues brunes dont le cytoplasme* cellulaire (soit la substance cellulaire vivante) est enfermé dans une «frustule» : c'est-à-dire un micro-ensemble, boîte et couvercle, en silice.

Les frustules de diatomées, formant la terre d'infusoire, sont généralement brisées en une myriade d'éclats de quelques dizaines de microns chacun ; elles sont poreuses parce que percées de trous ou de fentes d'une taille inférieure au micron.

Aucune bactérie ne peut traverser une couche même relativement légère de terre d'infusoire. De ce point de vue, c'est la masse filtrante parfaite puisqu'elle arrête tous les germes.

En contrepartie, la résistance des couches de terre d'infusoire à l'eau est considérable, c'est la raison pour laquelle nous avons dit qu'il fallait que la pompe, qui anime le filtre, soit extrêmement puissante ; et malheureusement, les moteurs de ce type peuvent être difficiles à trouver.

La terre d'infusoire existe sous deux formes :
— *la poudre blanche,* lavée aux acides forts, qui ne contient plus aucune matière organique ;
— *la poudre grise,* non lavée, qui coûte 10 à 20 fois moins cher que la précédente mais ne peut être utilisée que lors d'interventions rapides de moins de quelques heures. Au-delà, son utilisation peut être dangereuse car elle contient des éléments fermentescibles.

Le filtre à sable

Le filtre à sable, c'est-à-dire utilisant le sable comme matière filtrante connaît 2 aspects : le filtre dit sous gravier ou sous sable et le filtre extérieur qui reçoit du sable comme matière filtrante aux lieu et place de charbon, par exemple.

Le filtre à sable est un filtre ordinaire d'aquarium qui, tout en étant généralement insuffisant en puissance pour être utilisé avec une charge de terre d'infusoire, est cependant capable de travailler avec une charge en sable fin. Dès lors que la couche atteint plusieurs centimètres, elle constitue déjà une barrière capable d'arrêter les plus gros des germes pathogènes, dont en particulier les protozoaires.

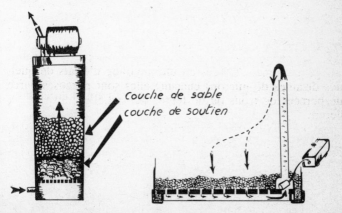

couche de sable
couche de soutien

Filtration mécanique par passage de l'eau sur une couche de sable.

Aussi, en cas d'une infection par un protozoaire, on peut utiliser le filtre usuel (intérieur ou extérieur) de l'aquarium comme un outil non plus seulement hygiénique mais également curatif.

L'avantage de cette méthode serait considérable (puisqu'elle permet d'utiliser un filtre ordinaire, garni du matériau le plus usuel comme un filtre stérilisant) si elle n'avait l'inconvénient de n'être efficace que pour lutter contre les germes d'une dimension de l'ordre du centième au dixième de millimètre. Elle n'est donc pas utilisable dans le cas d'une affection bactérienne, l'ennemi à piéger étant trop petit. D'où l'importance fondamentale d'un bon diagnostic en cas de constat de maladie.

Nous ne saurions clore ce chapitre sans un mot pour évoquer les **filtres «bougies» en porcelaine** puisque ce sont des filtres stérilisants très efficaces, lorsqu'il s'agit de couvrir un besoin minime d'eau potable. Nous ne pouvons pas, hélas, les utiliser en aquariophilie, les débits dont nous avons besoin étant 100 fois supérieurs à leurs possibilités.

La filtration chimique de l'eau douce

On peut transformer le filtre usuel de l'aquarium en un filtre chimique. Il suffit pour cela d'incorporer à sa masse, des matières chimiquement actives qui, entrant en réaction avec les matières chimiques dissoutes dans l'eau, vont modifier ces dernières... Mais, on sent tout de suite que c'est là un jeu difficile qui demande autant de prudence que de compétences.

Il ne faut jamais oublier que la chimie n'est plus tout à fait une science exacte dans le cadre de l'aquarium. En effet, les lois qui la régissent s'appliquent à des solutions généralement aussi concentrées que pures et, en tous cas, bien définies. De telles conditions ne sont pas réunies dans nos bacs. L'eau d'un aquarium étant une solution complexe, très mal définie et finalement relativement peu concentrée.

Il existe, cependant, une filtration chimique de l'eau de l'aquarium d'eau douce qui a fait ses preuves en aquariophilie, c'est la filtration sur tourbe.

La filtration sur tourbe

L'effet de la tourbe est d'acidifier une eau peu minéralisée, de la teinter en brun (plus ou moins légèrement selon le doigté de l'utilisateur) et enfin de piéger d'éventuels produits toxiques par chélation. Il en résulte une légère action bactéricide se surajoutant aux propriétés chimiques de la tourbe. Si bien que l'ensemble de ces actions combinées rend les eaux peu minéralisées favorables à la santé des poissons qui affectionnent ou tolèrent de telles eaux.

Le problème est qu'il existe différentes qualités de tourbe. Nous dirons, pour simplifier outrageusement, qu'il y a des tourbes acides et des tourbes alcalines et ce n'est évidemment pas sur ces dernières qu'il faut compter pour acidifier l'eau !

La tourbe acide, la plus apte à être utilisée en aquariophilie, est la tourbe à sphaignes.

● La tourbe à sphaignes

La sphaigne (*Sphagnum* en latin) est une mousse aquatique à grosse tige très caractéristique. On la distingue facilement des autres mousses (voir p. 85) ; par contre, les différentes espèces de sphaignes, sont difficiles à reconnaître les unes des autres mais cela n'a en fait aucune importance, toutes étant globalement dotées des mêmes propriétés. La tourbe à sphaignes, ou tourbe acide, est formée de sphaignes mortes qui ont pratiquement les mêmes propriétés que les vivantes. La recherche de ces dernières fait partie des à-côté de l'aquariophilie. Mais, ce peut être une collecte **dangereuse** et c'est pourquoi nous allons décrire ici les deux principaux types de tourbières que l'on peut rencontrer.

Les deux types de tourbière à sphaignes
1 — Tourbière plate (qui peut être dangereuse)
2 — Tourbière bombée

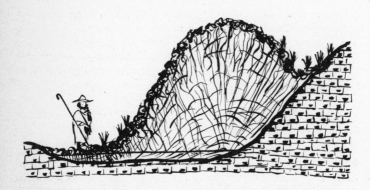

○ Dans la nature, les sphaignes forment souvent des *tour-bières du type dit bombées,* lesquelles naissent dans des mares d'eau non calcaire qu'elles parviennent à combler.

Au fur et à mesure que les tiges de sphaignes se dévelop-pent par leur extrémité supérieure, elles s'accumulent au-dessus des parties plus basses et mortes du système végétal, leurs parties aériennes continuant à être irriguées par la capil-larité.

Cette tourbière bombée est comparable à une gigantesque éponge, parfois de 10 mètres de haut qui se gonfle au-dessus du niveau de la mare primitive. L'ensemble de cette masse spongieuse abrite une abondante faune aquatique microscopique indiquant que le milieu est partout riche d'eau interstitielle, c'est-à-dire d'eau prisonnière d'interstices microscopiques laissés libres au sein de la masse végétale. L'accès d'un tel milieu est plus difficile que dangereux.

○ Par esprit de contradiction, les tourbières à sphaignes, les plus proches de Paris, sont des *tourbières plates du genre flottant*.

Dans cet autre type de milieu, des épaisseurs de 3 ou 4 mètres de sphaignes vivantes et mortes flottent à la surface d'un lac plus ou moins incertain.

En principe, on peut marcher sur ce marais mouvant et oscillant sous les pieds, qui généralement supporte facilement le poids d'un homme. Mais parfois il en est autrement, le milieu présente un danger latent et il est prudent de ne pas s'y aventurer sans une certaine circonspection. Il est alors bon de se souvenir que les sphaignes du bord sont aussi bonnes que les autres! C'est-à-dire qu'elles ont les mêmes propriétés chimiques que celles du centre. Si on les plonge dans de l'eau distillée ou peu minéralisée, celle-ci va s'acidifier.

Bien sûr, le résultat est variable en fonction de 2 critères : la nature de l'eau à traiter et les méthodes d'utilisation.

○ *La nature de l'eau à traiter*
L'acidification — qui est en tout état de cause proportionnelle à la quantité de sphaignes utilisée — est inversement proportionnelle à la minéralisation de l'eau. C'est-à-dire que l'on obtiendra une acidification sensible d'une eau très douce et dérisoire d'une eau dure.

○ *Les méthodes d'utilisation*
Il en existe deux :
— la première consiste à mettre directement les sphaignes dans l'aquarium. Le résultat étant un transfert chimique entre la plante et l'eau qui est extrêmement lent.
— le deuxième procédé réside dans l'utilisation des sphaignes comme masse filtrante à l'intérieur d'un filtre. Ce qui transforme et complète l'action mécanique de l'appareil

en lui ajoutant un pouvoir chimique. Le filtre devient l'acidificateur de l'aquarium d'eau très douce abritant des poissons originaires des «eaux noires» tropicales.

C'est le filtre chimique le plus traditionnel et le plus simple de l'aquariophilie qui n'est, bien sûr, utilisable qu'en un cas bien particulier : lorsque l'on veut reconstituer le milieu des mares et des ruisseaux humiques des forêts équatoriales.

Certes, on pourrait opposer, aux méthodes ci-dessus, une invervention chimique dure. L'utilisation, par exemple de produits très actifs parfaitement solubles, lorsque l'on veut modifier la qualité physico-chimique de l'eau. Mais il faut alors savoir que l'on risque de courir à la catastrophe : **l'aquariophilie ne s'accorde que de méthodes douces!**

Le filtrage biologique de l'aquarium marin

Ce n'est rien d'autre que l'application directe des principes de la nitrification lorsqu'elle se situe dans un appareil extérieur.

Il n'y a pas à revenir sur ces principes, précédemment étudiés au niveau des sols, mais à souligner les originalités apportées par la nitrification extérieure comparée à la nitrification dans le sol.

La vraie question est de savoir si l'on a intérêt à soutenir l'activité biologique se situant à l'intérieur de l'aquarium par celle qui a lieu dans un appareil annexe. Et là, la première chose à souligner est que l'appellation «filtre biologique» est impropre, même si elle est malheureusement généralisée.

Il est vrai que l'appareillage, surtout lorsqu'il est constitué d'un ensemble de filtres, ne représente plus seulement un épurateur mécanique, mais également une enceinte favorable à l'activité bactériologique Le terme le plus juste serait celui de *«réacteur»*.

Quoi qu'il en soit du mot utilisé, le système comporte un

avantage et un inconvénient.

○ L'avantage est que si l'on maintient une activité biologique extérieure au bac, *on n'a plus à craindre un accident provoqué par la rupture de l'activité nitrifiante interne.*

Prenons un exemple : un accident classique en aquariophilie corallienne est celui qui se produit presque systématiquement lorsqu'un amateur novice nettoie son bac de fond en comble y compris sable et coraux.

Après une telle opération, il peut s'attendre à des ennuis dans les jours qui viennent, pour la simple raison que la population bactérienne utile a été pour le moins perturbée et, pour le plus, presque anéantie. Alors que s'il dispose d'un filtre biologique externe, ayant par chance échappé au grand nettoyage, le risque est compensé ou presque annulé par la présence des bactéries habitant hors du bac.

○ L'inconvénient est que l'on ne peut pas totalement éliminer l'activité parallèle de filtration mécanique qui a l'utilité d'éclaircir l'eau mais l'inconvénient d'encrasser l'appareil.

Il en résulte que, si ce dernier n'est jamais nettoyé, il devient dangereux parce que les matières organiques qu'il a accumulées peuvent fermenter brutalement en cas d'incident de fonctionnement.

Le maniement d'un filtre biologique extérieur est donc une affaire de bon sens : il doit être nettoyé régulièrement, mais à une cadence moindre que celle d'un filtre mécanique, afin de laisser aux bactéries le temps de se développer.

Il doit donc ne pas avoir une maille trop fine afin de ne pas être colmaté avant d'être colonisé. Enfin et surtout, le filtre biologique extérieur ne doit jamais être nettoyé à l'occasion d'un bouleversement même partiel de l'aquarium, sinon il perd sa principale justification d'utilité.

Les ultra-violets

Principe des ultra-violets

Le principe de l'utilisation curative des ultra-violets est identique à celui de l'utilisation d'un filtre stérilisant : on ne s'attaque pas aux germes véhiculés par les animaux, on ne soigne pas les poissons malades mais on détruit systématiquement les germes libres dans l'eau afin de limiter la propagation de la maladie.

La théorie de l'utilisation des U.V. en aquarium serait donc très simple, si elle n'avait pas été compliquée à plaisir par des années de mauvais emploi. Au risque d'être parfois fastidieux, nous la reprenons entièrement ici afin que les choses soient bien claires !

Un flot permanent d'ondes électromagnétiques, issu du soleil, irradie la terre. Cette énergie est caractérisée par sa quantité pratiquement constante à l'émission mais qui peut être absorbée par des obstacles et altérée dans sa qualité. Elle s'exprime en longueurs d'ondes. Par exemple, les radiations d'une longueur d'onde comprise entre 380 et 780 nanomètres (1 nanomètre ou nm = 0,000001mm) sont perçues par la vue, on dit qu'elles forment le «spectre du visible».

L'énergie ultra-violette est une radiation semblable à celle de la lumière visible, mais de longueur d'onde plus courte comprise entre 400 et 10 nanomètres. Elle n'est pas perçue par l'œil.

La lumière violette que l'on observe lorsqu'un tube à U.V. fonctionne est une lumière parasite, dont la seule utilité est de nous avertir que le tube est branché. La production de cette lumière violette ne signifie pas que le tube fonctionne effectivement, c'est-à-dire qu'il émet réellement des U.V. utiles car ces derniers sont invisibles.

Trois causes principales peuvent empêcher la production d'U.V. :

— si le tube fonctionne à moins de 20/25 °C (maximum d'efficacité entre 30 et 50 °C). C'est pour cette raison que l'on enferme les tubes travaillant à l'intérieur des bacs réfrigérés dans un fourreau de quartz isolant ;

— si le tube a plus de 4 000 heures de travail à son actif (son efficacité diminue progressivement après 2 000 heures de travail continu) ;

— si le tube a été fatigué par des allumages et des extinctions trop fréquents.

Les différentes radiations ultra-violettes, qui diffèrent entre elles par leur longueur d'onde, ont des propriétés différentes.[1]

Les lampes qui nous intéressent en aquariophilie sont celles ayant un pouvoir germicide. Elles émettent à 253,7 nanomètres et ceci, quelle que soit leur forme. Une lampe germicide, en forme d'ampoule, plongée dans l'aquarium, détruit les germes situés dans son entourage immédiat, jusqu'à quelques centimètres. Elle sera inefficace puisque son action se limitera à une faible fraction de l'eau de l'aquarium.

Pour bien utiliser la lampe à U.V., il faut donc faire circuler le plus d'eau possible autour d'elle, en gardant cependant en mémoire, qu'une durée d'irradiation de 5 à 10 secondes est nécessaire pour que les germes soient tués.

Les modalités d'utilisation des ultra-violets

En pratique, plutôt que des ampoules courtes, on va utiliser des tubes. Ceci parce que, avec ces derniers, on allonge la durée d'exposition d'une particule qui est véhiculée tout au long d'une lampe de 60 à 120 cm. Et également parce qu'il est plus aisé de concevoir une enceinte pour un tube parfaitement cylindrique, que pour une ampoule qui ne l'est pas.

● Puissance

Les petits tubes, d'une puissance inférieure à 15 watts, sont peu efficaces pour un grand bac. Sitôt atteint l'aquarium de 500 litres, il faut utiliser une lampe de 30 watts.

[1]. C'est ce qui permet des utilisations variées : certaines lampes sont utilisées pour bronzer, d'autres servent à détecter les faux billets, d'autres encore permettent de faire de la biologie fine.

Branchement du tube à ultra-violet.

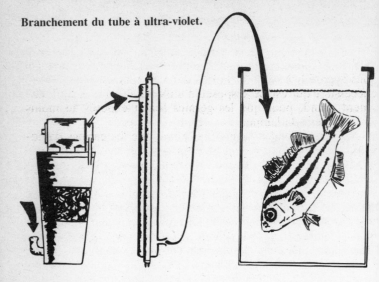

● **Débit**

Quant au choix du débit du tube à U.V., il nécessite un petit calcul simple :
— il faut que le temps d'exposition soit au moins de 5 secondes ;
— il faut, en cas de prolifération de bactéries virulentes qui doublent leur population chaque 20 minutes, que la moitié du volume de l'eau du bac traverse l'appareil à U.V. en 20 minutes.

Pour un aquarium de 100 litres, il faudra donc un débit minimum de 50 litres en 20 minutes, soit 150 litres/heure, ceci simplement pour maintenir la population bactérienne statique.

● **Volume de l'enceinte irradiée**

Il convient également que ces 150 litres/heure soient maintenus exposés 5 secondes, la capacité de l'enceinte irradiée doit donc être de :

$$\frac{150 \times 5}{3.600} = 0,21 \text{ litre.}$$

Un rapide coup d'œil autour de nous, montre que certains des appareils à U.V. du commerce ne répondent pas à cette nécessité, qui est de disposer d'un volume irradié suffisamment grand, pour que les germes soient exposés au moins 5 secondes à la lampe.

Ils sont cependant utilisables parce que les germes pathogènes ne se multiplient à la cadence d'une division cellulaire toutes les 20 minutes que dans des conditions exceptionnelles.

Prenons le cas d'un protozoaire qui se divise une fois toutes les 24 heures, il nous faut alors, toujours dans le cas d'un bac de 100 litres, un débit de 50 litres en 24 heures, soit de 2,1 litres/heure, ce qui donne un volume d'enceinte entourant le tube de :

$$\frac{2,1 \times 5}{3.600} = 0,003 \text{ litre.}$$

Le calcul donne alors l'impression que le faible volume d'une enceinte n'est pas un vice rédhibitoire puisque l'on doit plus souvent lutter contre des germes dont la population double en 24 heures que contre ceux dont la population double en 20 minutes.

C'est malheureusement une impression fausse, parce que les protozoaires parasites ou pathogènes se divisent ou se multiplient généralement sous un kyste porté par le poisson malade et que les individus migrateurs ne sont libérés que **massivement** : le kyste, formé par un protozoaire, ne rejette pas dans le milieu deux protozoaires après 24 heures mais 8 protozoaires après une incubation de 3 jours ou 64 après une incubation de 6 jours ou encore 256 au bout de 8 jours...

A titre d'exemple, imaginons une infection originelle légère résultant de la présence de 10 protozoaires portés par un seul poisson malade dans un bac.

Durant une période d'incubation de 8 jours, le tube ultraviolet fonctionnera inutilement puisqu'il n'y aura à détruire aucun germe libre dans l'eau. Puis, brutalement après 8 jours, c'est l'infection soudaine de l'eau par 2.560 protozoaires, qu'il faut éliminer très vite avant qu'ils ne parviennent à infecter de nouveaux poissons.

On conçoit alors qu'un stérilisateur à U.V., dont le volume interne est de 0,003 litre, est incapable d'effectuer ce travail en quelques heures puisqu'il faudrait :

$$\frac{150 \times 5}{0,003 \times 3.600} = \pm \ 70 \ \text{heures}$$

pour qu'il soit traversé par la totalité de l'eau d'un aquarium de 150 litres. Et encore, nous ne faisons pas intervenir la notion de recyclage.

L'efficacité des ultra-violets

Laissons donc là calculs et théorie qui n'ont été exposés que dans le double but suivant :

— **démontrer** qu'au-delà du simple contrôle de la puissance des tubes U.V., l'utilisateur doit être également attentif à la forme et à la conception de l'appareil qu'il manipule. *Il doit rechercher avant tout des ensembles à grande capacité d'eau irradiée;*

— **démontrer** encore et surtout que les stérilisateurs à U.V. sont moins des appareils à rôle curatif que des appareils au rôle préventif.

En fait, si l'appareil à U.V. est capable dans bien des cas d'éradiquer* complètement un germe, ce n'est pas une règle absolue. Il vaut mieux considérer, qu'il s'agit d'un système ayant pour rôle d'**abaisser** le nombre total des germes d'un aquarium, qu'ils soient ou non pathogènes.

● C'est ainsi que les U.V. deviennent très utiles en **eau de mer tropicale**. Le poisson corallien étant très sensible à la présence de germes dans son bac, diminuer la population bactérienne de son aquarium dans un rapport de 100 à 1 ou de 10 à 1, c'est le mettre à l'abri de toutes les affections secondaires.

C'est d'ailleurs ce qui est fait à l'aquarium de Monaco où tous les poissons coralliens vivent parfaitement bien dans l'eau de Méditerranée, puisée à proximité du port. Et ce, depuis qu'un ensemble de tubes à U.V. épure cette eau de la quasi-totalité de ses germes. Il faut d'ailleurs observer que ces derniers ne sont pas tous pathogènes, mais que même les bactéries utiles fatiguent le poisson corallien par leur simple présence, si elles sont trop nombreuses à être en suspension dans l'eau.

● Quant à l'efficacité d'un tube à U.V. sur les populations bactériennes d'un aquarium, elle se mesure par des **techniques de comptages** bactériens. Ces techniques ont beau être l'ABC de la microbiologie, faute de matériel adapté, elles n'en demeurent pas moins très au-dessus des possibilités des aquariophiles privés et de bon nombre d'aquariums publics. Force est donc de travailler en aveugle et d'appliquer, par prudence, toutes les recommandations qui précèdent.

On ne peut clore le chapitre du traitement des eaux d'aquarium par les U.V., sans souligner que l'efficacité n'est satisfaisante que dans un milieu limpide. En effet, s'il y a des germes libres dans l'eau, ils ne demandent qu'à s'accrocher aux impuretés rencontrées. Et, sous la protection de cette «ombrelle», bon nombre de bactéries peuvent traverser, sans dommage, l'appareil à U.V.

La santé de l'aquarium c'est donc aussi une eau dont la transparence n'est pas troublée par des particules en suspension.

Quant à l'ultime question que vous pourriez vous poser : «Pourquoi les U.V. tuent-ils préférentiellement les bactéries nuisibles sans détruire les bactéries nitrifiantes utiles?», elle reçoit la réponse suivante. La majorité des premières vit en pleine eau alors que la plupart des secondes se trouvent dans ou près du sol. Telle est la raison pour laquelle leur nombre est peu affecté par le traitement.

L'écumage

Ecumer l'eau de mer d'un aquarium, c'est provoquer par agitation une «écume» que l'on jette après l'avoir recueillie dans un récipient.

Cette écume est tout à fait comparable à celle formée par les vagues qui battent une côte rocheuse. En quoi consiste-t-elle?

On sait que la matière peut exister sous forme de molécules de tailles très variables. Des petites pouvant s'associer pour former un réseau qui pourra être soit un «cristal» soit encore un **colloïde.**

Une solution colloïdale est la solution homogène d'un corps généralement organique, formé d'associations moléculaires ou de grosses molécules, dont la propriété la plus importante est de ne pas traverser des membranes poreuses du type parchemin. On dit que les colloïdes ne dialysent pas.

Si l'on veut imaginer cette définition, on peut dire : dans l'espace, une solution colloïdale se présente à la manière d'un réseau de molécules liées entre elles comme les tubes d'un échafaudage.

Cet échafaudage ne peut pas passer par une fenêtre alors que ses éléments, démontés, la traversent individuellement. C'est dans ce sens qu'un colloïde est incapable de traverser une membrane constituée par une feuille de cellulose poreuse.

● L'écume marine étant un colloïde à base de matières organiques azotées (albumines-protéines), éliminer cet écume est un moyen d'extraire une partie de l'**azote** qui est toujours contenue en excès dans un aquarium.

● Mais, chaque médaille ayant son revers, l'écume piège également de petites molécules qui se trouvent éliminées avec elle. Or, leur évacuation n'est plus alors seulement bénéfique mais à la fois bonne et mauvaise. Pourquoi? Parce qu'on fait disparaître des **molécules métalliques :**

Analogie entre une grosse molécule dite «non-dialysable» du type «colloïde», et un échafaudage : l'ensemble ne passe pas par un orifice étroit (**A**) que ses éléments constitutifs traversent (**B**).

— parfois utiles, comme le fer, qui est un facteur de croissance, ou le cuivre thérapeutique utilisé pour soigner les poissons (voir chapitre «Maladies») ;

— et, parfois nuisibles parce que toxiques comme le cuivre en excès ou des métaux lourds.

En évacuant l'écume, on jette également des facteurs de croissance non métalliques tels que des **vitamines**, qui sont indispensables à la santé de l'aquarium.

Quel est donc le bilan? Globalement, on peut dire que l'écumeur a un rôle positif en éliminant de grosses quantités d'azote et négatif en éliminant une partie des facteurs de croissance, utilisés en petites quantités par les habitants de l'aquarium.

Quelle est la meilleure conduite à tenir? Elle consiste à :

— *utiliser un écumeur* (qu'il ne faut pas craindre de surdimensionner) parce qu'il ralentit la pollution azotée;

— *procéder à des changements d'eau fréquents* et à des introductions d'éléments de trace afin de maintenir, à un niveau suffisant, les oligo-éléments et les vitamines.

C'est ainsi que l'on tend à obtenir la meilleure qualité d'eau possible.

L'alimentation

Dire que la santé d'un animal dépend en grande partie de son alimentation, c'est affirmer une évidence : tout organisme doit être nourri.

Les deux questions qui se posent sont celles de la quantité et de la qualité.

La quantité

A la vérité, dans certains cas, le juste équilibre n'est pas toujours aisé à établir.

C'est ainsi, qu'il est effectivement délicat de nourrir correctement les pensionnaires d'un aquarium si l'on veut, à tort, y faire cohabiter des sujets de tailles ou de mœurs disparates. Il faut, par exemple, après avoir nourri les effrontés dans un angle, distribuer dans un autre angle la nourriture des timides. Il faut encore, éventuellement, donner une ration pour les poissons de fond, pendant que les autres espèces sont occupées en surface ou à mi-eau.

Il convient donc de faire appel à la ruse et au bon sens pour essayer de satisfaire à l'appétit de tous et de chacun, sans que jamais, au grand jamais, il ne reste de reliefs alimentaires au fond de l'aquarium.

Car les poissons, ignorant l'usage du réfrigérateur pour garder les aliments, toute nourriture morte non consommée est immangeable le lendemain. A la température ambiante de 25°, elle est déjà fermentée. La situation dans le bac devient bientôt celle d'un appartement dont les poubelles ne seraient pas vidées et les fenêtres maintenues fermées...

Et, ne comptez pas sur l'aération, le filtrage et les bactéries. Nous avons vu comment, grâce à eux, l'aquarium pouvait absorber à la fois les déjections solides et liquides de la digestion et les excrétions de la respiration. Il ne peut pas en plus assimiler les conséquences d'un excès de nourriture.

C'est pourquoi, **la suralimentation est la plus grosse faute que puisse commettre un aquariophile contre la santé de l'aquarium.**

● Chaque éleveur doit distribuer en fonction de son expérience et de ses observations, il ne doit **ni affamer les animaux, ni les suralimenter.** Reprenons ces deux points :

○ Le ventre d'un poisson sous-alimenté se creuse, cela peut n'être que le résultat d'une mauvaise période passagère. Mais, si cette situation persiste, *le poisson sera atteint de nanisme.*

Hormis une éventuelle troisième forme génétique, il existe deux formes de nanisme chez les poissons.

La première est un nanisme de situation que nous dirons écologique. Un poisson en surpopulation ou dans un milieu trop étroit ne grandit pas. L'individu formé est un nain, mais un nain harmonieux qui, à l'échelle près, montre toutes les proportions du poisson sain et c'est d'ailleurs un poisson sain.

La deuxième forme est un nanisme de famine chronique, rare dans la nature mais hélas fréquent en aquarium. Le poisson reste petit mais sa tête est relativement grosse, les yeux sont saillants, la structure des os du crâne se devine sous la peau et à l'arrière, le corps est filiforme. Un tel poisson est voué à une mort quasi certaine même si l'agonie dure des mois. Les chances de le sauver étant évidemment inversement proportionnelles à la durée de sa période de malnutrition.

○ A l'inverse, *l'obésité existe également chez les poissons d'aquarium.* Elle est facile à corriger. Dès que l'on s'en aperçoit, il suffit de réduire les rations alimentaires.

Plus subtilement, beaucoup de poissons trop bien nourris, sans être vraiment obèses, se font trop de «lard». Ils montrent, à la dissection, des foies hypertrophiés et mal colorés, qui certainement causaient des soucis à leurs propriétaires (mais peut-être pas plus que ne nous en causent, à nous aquariophiles, nos foies d'animaux sédentaires!).

En bref, il ne peut être question d'apprendre à l'amateur à doser, avec une précision absolue, la quantité de nourriture qu'il doit distribuer à ses pensionnaires. Tout au plus peut-on rappeler le principe de base : *un repas doit être consommé en moins de 5 minutes.*

Ceci étant bien établi, au niveau de la santé du poisson, dès le moment où l'on a dépassé les questions alimentaires engendrées par l'insuffisance ou l'excès, le problème critique de l'alimentation devient qualitatif.

La qualité

Lorsqu'en 1970, H.A. Knöppel publia une étude sur l'alimentation des poissons sauvages du bassin amazonien, il surprit grandement le monde de l'aquariophilie.

● On s'avisa alors, par exemple, qu'un poisson aussi commun et connu que le «feu de position» (*Hemigrammus ocellifer*, cf. MS 77) s'alimente dans la nature d'un peu de tout en très petites quantités et de «fourmis» en grosses quantités. Or, cet animal, qui à l'état sauvage se nourrit de fourmis à plus de 80 % et de quelques vers de vase, reçoit en aquarium (nourritures sèches mises à part) une alimentation essentiellement à base de vers de vase et pratiquement jamais la moindre fourmi.

En d'autres termes, pour cette espèce, comme pour beaucoup d'autres, **c'est la nourriture accessoire et de remplacement qui, en captivité, devient l'aliment principal du poisson.** Cela peut-il être gratuit ? Certainement pas, on sait très bien que le ver de vase, trop riche en graisses, ne forme pas une nourriture équilibrée !

Prenons un autre exemple : *Poecilobrycon eques* (cf. MS 77). Voici un poisson qui étonne par sa forme. Comme il a une toute petite bouche toujours dirigée vers le haut, l'amateur le considère intuitivement comme un mangeur d'insectes, d'alevins ou de plancton. En fait, c'est un mangeur d'algues et de détritus !

● On fit enfin une autre constatation : **il y a une évolution du**

régime alimentaire du poisson adulte en fonction de son âge, et bien entendu, par voie de conséquence, de sa taille.

● **Quelles conclusions tirer** des observations issues de cette incursion dans des terres lointaines?

— *D'abord que l'éventail alimentaire des poissons est large*, sauf cas particuliers, et qu'il n'y a que des avantages à varier la nourriture le plus possible, afin d'éviter le déséquilibre engendré par une alimentation trop uniforme.

— *Ensuite, que l'excès de nourritures vivantes non variées, peut également avoir des conséquences négatives :* lorsque l'on a une source d'approvisionnement constante, il est trop facile de gaver les animaux de proies toujours bien acceptées, parce que la curiosité du poisson, éveillée par le mouvement, compense un manque éventuel d'appétit. C'est une faute!

— *En résumé, il faut toujours varier l'alimentation et ne pas craindre d'utiliser les nourritures sèches* qui, outre leur intérêt pratique, ont une composition bien équilibrée, tout au moins en ce qui concerne les meilleures d'entre elles.

Les nourritures sèches

Qu'est-ce qu'une nourriture sèche? C'est une nourriture généralement composée à la base de diverses «farines» de céréales, mais également de poissons, de viandes..., qui sont mélangées et proposées sous forme de comprimés, de paillettes, de granulés et de poudres.

La qualité d'une nourriture sèche dépend de sa composition et de sa présentation.

La composition

La composition d'une farine est normalement étudiée en fonction des besoins connus de l'espèce de poisson que l'on

désire élever, par exemple les granulés pour truites de pisciculture sont étudiés en fonction des besoins de la truite, ils
seront différents des comprimés pour carpes.

● Cela signifie que, lorsque le comprimé est destiné à ne
nourrir qu'**une seule espèce de poisson**, sa composition peut
être extrêmement précise et subtile.

Par exemple, en fonction des buts recherchés, les farines
pour carpes sont distribuées sous deux formes de
comprimés : le comprimé simple et le super-comprimé plus
riche en protéines. Le super-comprimé plus cher ne sera
utilisé que dans un but précis : celui d'améliorer la croissance
de tel stade juvénile.

● Les **farines de base** des nourritures sèches, pour poissons
d'aquarium, sont par définition moins bien équilibrées, non
pas parce qu'elles sont moins bien étudiées ou parce que les
produits utilisés sont de moins bonne qualité. Ce serait plutôt
l'inverse, leur composition est très sophistiquée. Mais, parce
qu'elles doivent répondre à un objectif trop ambitieux : nourrir un ensemble d'animaux aux éventails alimentaires sinon
contradictoires tout au moins sensiblement différents.

● Lorsqu'elle est connue, la composition d'une bonne nourriture sèche pour **poissons tropicaux**, s'avère généralement
conçue avec imagination et de façon à satisfaire le plus de
poissons possible dans les différentes catégories : poissons
omnivores à tendance carnivore, poissons omnivores à tendance végétarienne, poissons insectivores.

Les efforts des fabricants portent surtout sur la stimulation
de l'appétit des animaux et le choix des vitamines susceptibles
d'activer leur couleur.

La présentation

Quant à la présentation, elle répond à deux soucis :

— *celui de rendre les nourritures aisément accessibles aux
animaux.* Celles-ci ne doivent pas être trop dures, ne flotter

ni trop longtemps ni trop peu, n'être enfin ni trop fines ni trop grosses;

— *celui de rendre ces nourritures suffisamment consistantes* pour leur éviter de se désagréger et de polluer l'aquarium lorsqu'elles sont mouillées. C'est ce souci qui transparaît dans l'indication souvent portée par l'emballage : «ne trouble pas l'eau».

En résumé, sauf cas particulier, les nourritures sèches actuelles, bien équilibrées en protéines, glucides et lipides, sont excellentes. Il ne faut pas hésiter à les utiliser largement.

Les nourritures fraîches

N'importe quel animal a besoin, pour son équilibre, d'absorber des «facteurs de croissance» avec son alimentation.

Ces facteurs de croissance sont :
— d'une part des «**oligo-éléments**», c'est-à-dire des matières minérales indispensables au bon fonctionnement du métabolisme mais qui, comme l'indique leur nom (*oligo* = petit), ne sont nécessaires qu'en petites quantités,

— d'autre part, des **vitamines**.

Nous avons déjà abordé ce problème au niveau du sol ou de l'eau car certains facteurs de croissance s'absorbent par le milieu et d'autres avec la nourriture.

Les vitamines sont des matières organiques indispensables à l'organisme parce qu'elles sont les catalyseurs des réactions biochimiques de la physiologie animale ou végétale.

Les végétaux supérieurs savent généralement synthétiser eux-mêmes les vitamines nécessaires à leurs besoins, ce qui n'est ni le cas des végétaux inférieurs (algues et champignons), ni surtout celui des animaux.

En ce qui les concerne, c'est dans leur alimentation que les animaux vont trouver ces vitamines. La plupart de ces dernières sont des molécules de haut poids moléculaire, lesquelles, en conséquence de cette structure, sont fragiles, et détruites en particulier par une température excessive.

C'est pourquoi, l'être humain est menacé du scorbut lorsqu'il se nourrit exclusivement de conserves. La molécule antiscorbutique, initialement présente dans la denrée mise en conserve, a été détruite par la chaleur lors de la stérilisation.

La nécessité pour l'éleveur, d'être certain de fournir à ses animaux les vitamines nécessaires à leur santé, lui interdit de les nourrir exclusivement de nourritures en conserves ou, à un degré moindre, de nourritures sèches. Il leur donne donc un appoint de nourritures fraîches.

Quelles sont les principales utilisées en aquarium ?

Les viandes

● **La rate** était la nourriture traditionnelle du poisson d'aquarium... il y a trente ans. Disons tout de suite qu'elle n'est plus d'époque. C'était surtout une nourriture économique qui est périmée depuis que les aquariophiles manipulent des animaux, ayant une valeur de plus en plus grande. Cette nourriture archaïque se digère plus ou moins bien et trouble notablement l'eau.

● **Le cœur de bœuf cru** remplace avantageusement la rate,

surtout parce qu'il ne trouble pas l'eau et se découpe très facilement en tout petits morceaux.

L'inconvénient du cœur de bœuf est celui de n'importe quelle viande : c'est une nourriture assez mal adaptée aux animaux aquatiques dont les organismes ne sont pas réellement constitués pour les digérer aisément.

Couper périodiquement la nourriture d'un poisson d'aquarium d'un peu de viande et en particulier de cœur, distribué avec précaution, est une excellente pratique, qui évite les éventuelles carences engendrées par un abus de nourritures sèches.

L'en nourrir exclusivement c'est le conduire inéluctablement et automatiquement vers une obésité de mauvais aloi.

La chair de poisson

La chair de poisson est toujours distribuée crue afin de conserver ses vitamines. Cuite, elle est de toute façon si fragmentable et susceptible de troubler l'eau qu'elle n'est pratiquement pas utilisable.

Globalement, la chair de poisson contient, et pour cause, tous les éléments susceptibles d'assurer la croissance des poissons, non seulement des carnassiers piscivores, mais également des autres omnivores, fussent-ils plus ou moins végétariens.

Il faut cependant choisir : éviter les espèces trop grasses (sardine — hareng) non parce qu'elles sont mauvaises, mais parce qu'elles laissent des dépôts huileux en surface de l'aquarium. Ecarter de même les poissons sanguins (thon — maquereau) pour des raisons pratiquement analogues.

A ces nuances près, toutes les espèces sont utilisables, aussi est-ce la tenue, dans le sens de la consistance des morceaux de poissons dans l'eau, qui va guider le choix de l'aquariophile en fonction de ses possibilités d'approvisionnement.

En pratique, nous recommandons les gadidés (morue, lieu, tacaud...), les poissons plats (sole, plie...) ainsi que la roussette ou saumonette. Et, nous conseillons de ne pas attendre que le poisson d'aquarium se dégoûte de sa nourriture et s'en détourne pour varier le choix de l'espèce comestible.

Les œufs de poisson

C'est le fin du fin de la nourriture des poissons exotiques. Quand on peut s'en procurer, les œufs permettent d'obtenir des résultats exceptionnels, tant en croissance qu'en stimulation de la reproduction ou en avivage des couleurs.

Mais attention, dans ce domaine, mieux vaut ne pas expérimenter : certains œufs sont toxiques. Par prudence, nous ne conseillerons que ceux dont nous avons une grande expérience : poissons *Gadidés* (morue — lieu — tacaud) et œufs de crustacés.

Les moules

Les moules marines (*Mytilus Edulis et M. Galloprovincialis*) sont communément utilisées pour alimenter les poissons coralliens mais un minimum de précautions doit être observé.

Les moules sont des organismes qui, dans leur milieu naturel, filtrent continuellement l'eau pour en extraire des particules alimentaires. De ce fait, elles accumulent des quantités invraisemblables de germes dans leur estomac. C'est pour cette raison, afin de limiter l'absorption de germes par les consommateurs, que les moules sont rincées «en claires» avant d'être livrées à l'alimentation humaine.

L'aquariophile n'utilisant qu'un nombre très limité de moules pour l'alimentation de ses poissons peut avoir intérêt à en extraire l'intestin. Dans ce but, on fait ouvrir les moules à la vapeur mais sans les cuire. Une fois la coquille éliminée, le manteau du mollusque s'écarte nettement en deux parties laissant apercevoir la poche noire de l'intestin.

Les moules s'utilisent aussi quasiment vivantes pour inciter à manger quelques poissons difficiles (*Pigoplites, Zanclus*...). Elles sont alors ouvertes au couteau, chaque valve de la coquille, contenant une moitié de l'animal, est ensuite abon-

Composition d'une moule.

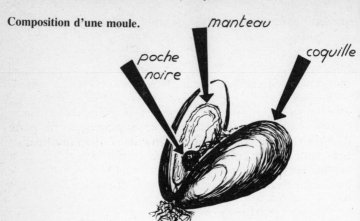

damment rincée sous le robinet. Toutes les parties noires, correspondant aux organes digestifs, peuvent s'éliminer à l'aide de la pointe d'un couteau.

Avant de procéder à la distribution dans l'aquarium, il est prudent de «flairer» consciencieusement chaque moule afin de s'assurer de sa fraîcheur.

La salade et les épinards frais

A l'exception de quelques rares prédateurs, exclusivement carnivores, toutes les autres espèces de poissons ont besoin d'équilibrer leur alimentation par un complément végétal.

Par habitude peut-être, ou pour des raisons pratiques, on utilise souvent les épinards, y compris sous forme congelée, et la salade qui reste la base de l'apport végétal du poisson d'aquarium.

Pour cette dernière, on emploie exclusivement la **laitue**. Non pas parce que les autres salades sont mauvaises, mais parce que la laitue est parfaite : tendre, nutritive, acceptée par tous les animaux, elle ne présente aucune contre-indica-tion. Aussi, vaut-il mieux éviter les fantaisies exploratrices. Nous connaissons bien des cas (rares chez les poissons, il est vrai) d'animaux familiers empoisonnés par les herbes en apparence inoffensives que l'on venait de cueillir dans le jardin.

La laitue peut être utilisée cuite ou crue. Cuite, c'est-à-dire bouillie, elle tombe dans le fond de l'aquarium et c'est le moyen d'alimenter les poissons herbivores de fond (*Loricaria*, *Plecostomus*) qui risqueraient, sans cela, de rester sur leur faim.

L'inconvénient de la cuisson est de provoquer la perte d'une partie non négligeable des vitamines. Il en résulte que, sous cette forme, elle joue moins le rôle de complément alimentaire que celui de base même d'alimentation pour les poissons de ces espèces, qui, il faut bien le dire, sont souvent relativement sous-alimentés en nos aquariums.

Quand elle est crue, la laitue garde toutes ses qualités nutritives, mais, si on ne la pique pas dans le sol de l'aquarium, elle flotte et de ce fait est inaccessible à certaines espèces... cependant pour les autres quel régal !

Une observation permet de contrôler de visu l'intérêt propre de la laitue : on arrive parfois, grâce à elle, à conserver des poissons très herbivores dans un bac planté, sans trop de dommages pour les plantes. Ainsi, lorsqu'il a le choix entre une feuille de laitue quotidienne et les plantes aquatiques, le *Scatophagus* (cf. MS 77) par exemple, s'il n'est pas affamé, se contente de la laitue. Supprimez-lui sa feuille quotidienne, il ravage la végétation de l'aquarium.

L'utilisation de la salade, à part la nécessité de repêcher les nervures des feuilles, ne connaît qu'une seule servitude mais elle est draconienne. Il faut rincer soigneusement les feuilles que l'on destine à ses animaux, afin d'éliminer d'éventuelles traces d'insecticides venant du maraîcher. En effet, vous pouvez manger de la salade mal lavée, vous n'en serez pas plus malade pour autant... mais, si vous donnez cette même salade à vos poissons, vous risquez de les tuer.

Avec la laitue, nous arrêterons ici la liste des nourritures fraîches. C'est une limite arbitraire car c'est une liste que l'on peut continuer à l'infini. Ce qui était important c'était donc de parler des nourritures usuelles en insistant encore une fois sur la loi de base : pour la santé des poissons, toutes ces excellentes nourritures sont mauvaises si elles sont utilisées exclusivement.

Les nourritures congelées

Globalement, ce sont les mêmes que les nourritures fraîches, avec les mêmes avantages car la congélation ne détruit pas les vitamines.

L'utilisation des nourritures congelées, extrêmement pratique d'emploi, exige cependant de se conformer à deux règles fondamentales, dont le non-respect engendre des catastrophes.

○ La première est d'ailleurs aussi valable pour l'alimentation humaine que pour celle des poissons. *Il ne faut décongeler qu'une seule fois les matières alimentaires* et les consommer immédiatement ou le plus vite possible.

La raison en est que, lors de la congélation, qui résulte d'un refroidissement extrême et brutal, il se forme des aiguilles de glace à l'intérieur des cellules du tissu alimentaire animal ou végétal. Les parois de ces cellules sont lésées ou brisées tout comme la bouteille d'eau oubliée dans le congélateur.

Après décongélation, ce tissu, qui paraît normal, est en réalité «brûlé» par une multitude de blessures microscopiques.

Ce n'est plus une structure qui se tient, comme un mur de briques, c'est une masse de matière organique. Cette masse est extrêmement perméable à la pénétration bactérienne, les germes de la décomposition n'ont plus à lutter de proche en proche, de cellule en cellule pour se répandre, ils envahissent tout en bloc comme s'il s'agissait d'un milieu de culture. Le centre de la masse alimentaire peut devenir un foyer de fermentation*.

En bref, une matière alimentaire décongelée peut être très toxique avant que le moindre signe suspect n'apparaisse à l'examen. Dans ce cas particulier, qui n'est pas naturel, nos sens sont trompés : on ne relève pas un des indices tels que couleur ou odeur qui nous font normalement rejeter une

Soulignons encore une fois la différence existant entre :
— le phénomène de fermentation qui est un phénomène de dégradation de la matière organique en l'absence d'oxygène et avec accumulation de produits toxiques (alcool) ;
— le phénomène de décomposition en présence d'oxygène, qui ne permet que l'accumulation des toxines des organismes décomposeurs.
    Schématisons par une boutade : les aliments non frais rendent malade, les aliments fermentés tuent.

nourriture avariée. Seul notre jugement nous guide et il ne doit considérer que la durée écoulée depuis la décongélation.

○ La deuxième règle, propre cette fois à l'aquariophilie, est qu'*il ne faut utiliser que les produits que l'on a congelés soi-même ou les produits congelés, diffusés par les magasins d'aquariophilie*. En d'autres termes, il faut éviter les produits congelés industriels, destinés à l'alimentation humaine. Ils peuvent parfois contenir des substances diverses notamment un conservateur.

    Par exception, cette seconde règle de prudence peut toutefois être transgressée en faveur des boîtes d'épinards congelés du commerce. L'aquariophile peut y puiser, sans grand risque, puisqu'à ce jour et à notre connaissance, aucun accident n'a été relaté.

Les nourritures vivantes

Les nourritures vivantes sont à la fois celles qui permettent les meilleurs résultats et les pires catastrophes.

    Elles permettent des résultats inespérés parce qu'elles sont proches des nourritures naturelles du poisson et parce qu'animées, elles stimulent sa curiosité et son appétit.

    Elles favorisent des catastrophes parce qu'elles peuvent véhiculer des germes ou des parasites.

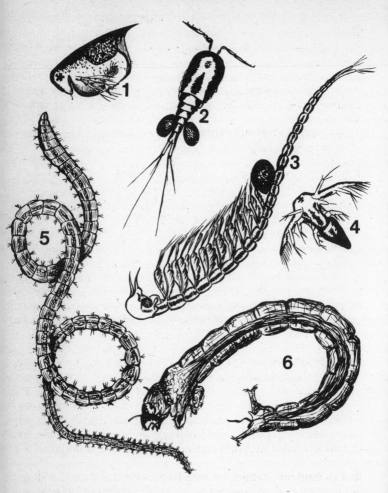

Nourritures vivantes
1 — Daphnies
2 — Cyclope (Copépode)
3 — Artemia salina adulte
4 — Artemia salina larve ou *Nauplius*
5 — Tubifex
6 — Ver de vase (Chironome)

LES CRUSTACÉS

Plusieurs crustacés inférieurs sont utilisés pour alimenter les poissons. Ce sont :
— en eau douce : les daphnies (essentiellement *Daphnia magna* et *Daphnia pulex*), les cyclopes (de très nombreuses espèces du même genre ou de genres voisins) les *Artemia salina* ;
— en eau de mer : les *Artemia salina*.

Les daphnies

Les daphnies sont acceptées par quasiment tous les poissons d'eau douce et parfois même par des sujets d'une taille démesurée par rapport à leur proie.

Il n'y a pratiquement pas de contre-indication limitant leur usage. Il faut cependant savoir que, contrairement à certaines idées répandues, il n'y a qu'une relation relative entre la couleur des daphnies et les espèces auxquelles elles appartiennent. La teinte d'une daphnie dépend de son alimentation et, de ce fait, sa coloration est essentiellement un indice de sa qualité.

● **Les daphnies blanches** ou plus ou moins décolorées, sont des daphnies qui, dans leur milieu naturel, se nourrissaient de bactéries.

Elles sont évidemment suspectes car leur entrée dans l'aquarium permet l'introduction parallèle d'une foule de germes heureusement, généralement non pathogènes. Il faut cependant faire attention à la nature du milieu d'origine.

● **Les daphnies rouges** ou **rose franc** sont des daphnies dont la croissance, dans une mare ou un élevage, a été forcée au sang. Elles permettent l'alimentation des poissons mais ce n'est pas un mets d'excellente qualité car ceux-ci digèreront mal l'hémoglobine qui déjà n'a pas été bien assimilée par la daphnie.

● **Les daphnies brunes** ou **ocrées** sont les daphnies sauvages normales, en ce sens que leur alimentation est naturelle : elles se sont nourries des petites algues vertes du plancton. Les reflets rougeâtres de l'animalcule sont dus à des lipides de réserve (matières grasses) et aux carotènes des algues moins vite ou moins bien digérées que la chlorophylle.

C'est ce type de daphnie que mange le poisson ou l'alevin dans la nature. Il n'est donc pas étonnant que ce soit celle-là, et non la blanche ou la rouge, qui donne les meilleurs résultats d'élevage.

● Nous venons de voir les causes des variations de couleur constatées chez les daphnies. Dans le même ordre d'idées, la **forme** même de la daphnie varie en fonction de conditions écologiques diverses. L'allongement de la forme et de l'épine caudale en particulier, sont dues notamment à l'action du froid et éventuellement à la présence de prédateurs dans le milieu.

Cette épine caudale de la daphnie a été quelquefois accusée, par certains, d'être la cause de perforations de la gorge et même de l'estomac des poissons ; nous n'avons jamais connu de tels accidents et n'y croyons guère. D'ailleurs, les deux espèces les plus communes *Daphnia magna* et *D. Pulex* ne possèdent que des épines relativement courtes.

Il existe bien, dans les eaux douces, une *Daphnia longirostris* beaucoup plus armée, mais il s'agit d'une si petite bête, que sa « terrible » épine caudale nous paraît bien inoffensive.

Les Cyclopes

Les Cyclopes, qui font partie du groupe des copédodes, sont peut-être des animaux moins recommandables. Leur taille est si modeste qu'ils ne représentent raisonnablement pas la nourriture du poisson adulte, sinon celle des espèces les plus petites.

On est, de ce fait, tenté de les employer pour nourrir des alevins. Mais, ces derniers doivent avoir au moins 5 fois la taille de la proie. En effet, le paradoxe est que les cyclopes sont, à leur échelle, de redoutables prédateurs qui n'hésitent pas à s'attaquer à des proies beaucoup plus grosses qu'eux-mêmes. Dans les cas limites, entre le jeune alevin, de petite taille, et le cyclope, on ne sait plus très bien qui va manger qui ?

L'Artemia salina

L'Artemia salina est un crustacé phyllopode marin mesurant quelques 8 mm de long, au stade adulte. En aquariophilie, elle est utilisée sous deux aspects :
— sous forme de larves (ou nauplius) fraîchement écloses des œufs,
— sous forme d'adultes ou de subadultes, mesurant de 4 à 8 mm.

● **Les larves** (ou nauplies)

Nous n'évoquerons pas les méthodes permettant d'obtenir des larves à partir des œufs vendus dans le commerce (cf. MS 77), nous nous bornerons à juger leur qualité alimentaire.

Les nauplius ou nauplies sont recueillies dans un tamis spécial du commerce et distribuées aux alevins, aussi bien marins que d'eau douce, après rinçage éventuel sous le robinet.

Ces proies, qui mesurent autour d'un demi-millimètre, ne sont raisonnablement plus utilisables — ne serait-ce qu'à cause de leur prix de revient — lorsqu'il s'agit d'élever des poissons dépassant 1,5 cm.

Mais, pour les plus petits, l'expérience montre que les alevins élevés aux artémias grandissent particulièrement vite et harmonieusement. Entre le moment de leur éclosion et celui où elles sont distribuées, les nauplies n'ont ni le temps ni l'opportunité de se nourrir, c'est donc essentiellement le transfert quasi direct des substances nutritives de l'œuf vers l'alevin, qui est la cause de cette croissance.

En quelque sorte, le nauplius d'artémias doit être considérée comme un super-œuf de crustacé doté en plus d'une propriété inestimable : la mobilité.

● Les artémias adultes

Chez l'artémia adulte, on retrouve cette mobilité ainsi qu'une autre qualité, non moins éminente : celle d'être pratiquement la seule nourriture vivante dont l'emploi ne présente aucun risque sanitaire.

Il est par conséquent évident qu'un apport alimentaire constitué d'artémias adultes est excellent pour tous les poissons d'eau douce ou d'eau de mer, concernés par des proies de cette taille.

Ceci étant bien établi, il est non moins vrai que nous connaissons très peu d'exemples réels et concrets d'aquariophiles réussissant à élever des poissons uniquement grâce à des artémias issues de leurs propres élevages.

Certes, beaucoup réussissent une production abondante d'adultes, en partant des œufs du commerce, d'autres parviennent à entretenir ces crustacés sur plusieurs générations mais, très peu peuvent nourrir abondamment un petit groupe de bouches affamées avec les seules artémias adultes issues de leur élevage. Ils doivent compléter avec celles disponibles chez le détaillant sous la forme forcément coûteuse de sachets thermo-soudés.

Les raisons de ces relatifs échecs sont simples :

— soit l'on nourrit l'artémia avec une poudre organique quelconque : levure, lait pour nourrisson... et l'on obtient des adultes abondantes mais d'une qualité discutable, que l'on peut toutefois améliorer en utilisant les différents aliments spécialisés du commerce ;

— soit l'on nourrit l'artémia avec des algues et là, sans technique précise et sans un bassin d'élevage gigantesque, on obtient certes des animaux de bonne qualité alimentaire mais en quantités dérisoires.

Qu'elles proviennent en petites doses d'un élevage personnel, ou en plus gros volume du conditionnement sous plastique du commerce, les artémias représentent une nourriture de luxe stimulante, sans doute autant destinée à aguicher un poisson boudeur et à rompre sa grève de la faim, qu'à lui assurer sa croissance.

C'est pourquoi, son usage massif est généralement réservé

à des poissons difficiles tels que certains *Killies* en eau douce ou plus souvent encore à des espèces microphages tels les *hippocampes* en eau de mer.

LES VERS ET LARVES

Nous confondons sous un même paragraphe les vers et les larves car, au niveau pratique, la seule larve d'insecte utilisée communément comme nourriture des poissons tropicaux, le ver de vase, a, comme l'indique son nom, plus l'apparence d'un ver que d'une larve.

Le ver de vase

Le ver de vase est la larve d'un insecte semblable à un petit moustique non piquant : le chironome.

Il faut rompre d'emblée avec la mauvaise habitude des anciens aquariophiles qui voulaient, à toute force, mettre son nom d'espèce à ce chironome. La nature est riche de dizaines voire de centaines d'espèces de chironomes et il n'est pas rare que le petit paquet de vers que nous achetons dans le magasin d'aquariophilie contienne trois ou quatre espèces différentes de ces larves d'insectes. N'allez pas, par exemple, supposer que les quelques vers de vase blanc que vous trouvez noyés parmi les vers rouges sont des albinos ! Non : ils sont d'une autre espèce.

○ Les vers de vase, comme l'indique leur nom, sont pêchés dans des vases organiques d'où ils extraient leur nourriture. Ils sont donc dans leur milieu naturel, en contact direct et permanent avec une foule de germes et, malgré cela, *semblent n'être que très rarement le vecteur* de maladie des poissons*.

C'est peut-être un effet de leur conditionnement : le tireur de vers (c'est le nom, du récolteur professionnel) trie sur place la vase et les vers, puis lave et conserve ces derniers dans de la tourbe.

La plus grosse part de la masse organique est ainsi éliminée et les petits déchets, semblables à de la sciure de bois, que l'on introduit parfois dans l'aquarium avec les vers, s'ils sont inesthétiques, ne sont pas dangereux : c'est de la tourbe. Si l'on tient compte du volume considérable que représente l'utilisation de ces petites proies par tous les aquariophiles amateurs et professionnels de France, de Navarre et d'ailleurs..., le ver de vase peut être considéré comme n'étant pas un porteur potentiel de germes.

○ Cela n'exclut pas que, dans la masse de vers, *puissent se dissimuler d'autres organismes de taille analogue*, qui peuvent être éventuellement suspects, voire même se révéler être de francs parasites. C'est extrêmement rare et en 20 ans, il ne nous est, par exemple, arrivé qu'une fois d'introduire une jeune sangsue médicinale dans un aquarium. On imagine, sans peine, les catastrophes qui en ont résulté, lorsqu'elle atteignit discrètement quelques 6 ou 8 cm.

○ Le seul reproche réel que l'on peut faire au ver de vase, c'est, comme nous l'avons déjà souligné, *son excès de richesse en matières grasses.*

Pour cette raison, l'abus de son utilisation exclusive conduit à la longue à des dégénérescences graisseuses des poissons.

Ceci étant dit, cette nourriture est excellente par nature, en usage non abusif. Elle ne se conserve que quelques jours, même en un lieu frais et humide, et l'on doit jeter obligatoirement les vers morts ou «tournés».

Indiquons enfin que cet aliment, si apprécié des espèces d'eau douce, l'est beaucoup moins par les poissons marins coralliens.

Le tubifex

Le tubifex est un ver véritable, plus bactériophage que détritivore. Il faut considérer l'animal comme un sac intestinal, bourré de bactéries et enrobé d'un peu de viande.

Evidemment, sous cette forme, c'est une nourriture dangereuse susceptible de véhiculer trop de germes, voire de provoquer des fermentations intestinales.

Pour devenir une nourriture saine, les tubifex doivent dégorger, c'est-à-dire qu'il faut placer les vers 48 h dans un récipient, sous un robinet, d'où coule un mince filet d'eau fraîche. En d'autres termes, il faut impérativement leur laisser le temps de vider complètement leur intestin. C'est à ce prix que l'on élimine 99 % des risques sanitaires, que leur emploi représente.

Les vers dégorgés forment une pelote grouillante au fond de leur récipient et il n'y a pratiquement pas de perte dans leur utilisation.

Cette nourriture est plus spécialement appréciée :
— *au printemps, lorsque les vers de vase viennent à manquer*, c'est-à-dire au moment où, ayant achevé leur métamorphose, ils ont quitté le milieu aquatique ;
— *pour nourrir des alevins déjà grandelets mais incapables de prendre des vers de vase entiers*. En effet, l'avantage des tubifex est de pouvoir se fragmenter en minuscules morceaux qui demeurent frétillants, après avoir été coupés.

Signalons enfin, après avoir observé qu'une multitude d'aquariophiles les utilisent sans problèmes à longueur d'année, que l'on aurait quelquefois observé des cas de perforation de l'estomac des poissons, dus à des tubifex.

L'affaire n'est pas très claire et l'on ne dispose pas de tous les éléments permettant de comprendre les causes conduisant à un concours de circonstances tel que l'accident soit possible.

L'arénicole

L'arénicole est ce grand ver marin que l'on désigne usuellement par son nom latin francisé pour ne pas l'appeler « ver de vase » ou « vaseux » et créer ainsi une confusion possible entre ce ver des bords de mer et la larve du chironome d'eau douce.

Long de 10 à 15 cm, l'arénicole constitue la nourriture des gros poissons marins. En aquariophilie, on l'utilise surtout pour les gros sujets coralliens.

Ce ver est ramassé dans des vases en Normandie, particulièrement dans la baie de Sallenelles qui forme une immense vasière à l'accès dangereux. Il est expédié de là dans toute la France.

Le problème est un peu le même qu'avec le tubifex : il faut, par prudence, faire dégorger cette excellente nourriture.

LES AUTRES NOURRITURES VIVANTES

Bien sûr, la liste des proies vivantes est infinie mais le but d'un ouvrage tel que celui-ci, axé sur la santé de chacun des éléments qui constituent un aquarium, n'est pas de la détailler[1] ; il consiste avant tout à souligner les précautions qui doivent être prises lors de l'usage de ces nourritures pour ne pas risquer d'altérer la santé des poissons.

● Nous l'avons vu, presque toujours la première précaution consiste à **faire dégorger la nourriture vivante.** Ce qui est vrai pour les tubifex, l'est également pour les moules (si l'on n'enlève pas la poche intestinale), pour les crevettes grises (*Crangon*), pour les vers de terre...

● L'autre précaution fondamentale est d'**inspecter ces nourritures** :
— d'une part, pour juger de leur état de fraîcheur, afin de les rejeter si trop d'organismes sont déjà morts ;
— d'autre part pour éliminer les éventuels parasites qui peuvent se dissimuler dans la masse des animaux-proies.

Le petit poisson vivant

Réservons notre dernière observation à une nourriture souvent oubliée dans les ouvrages d'aquariophilie. Elle mérite notre attention, même s'il est souvent malaisé d'en disposer à

---

[1] Cette matière est plus largement développée, dans les «*Guide marabout de l'aquarium*» et «*G. M. de l'aquarium d'eau de mer*», MS 77 et 359.

un coût économique.

Le petit poisson vivant représente, sur le plan composition, une nourriture parfaite. Au niveau excitation du prédateur, c'est également ce qui existe de mieux. Mais attention : il n'existe bien évidemment rien de plus favorable aux contaminations que d'introduire des petits poissons vivants d'origine douteuse.

> *En eau de mer tropicale surtout, certaines attaques de parasites peuvent être extrêmement virulentes et la mort du poisson, contaminé par ses proies, est souvent si proche de la période d'absorption de celles-ci, que l'on attribue facilement à une indigestion un décès dû à une réelle contagion.*

Dans la nature, certains grands prédateurs, comme par exemple le brochet, sont plus ou moins spécialisés dans la recherche d'une proie déjà fatiguée par la maladie. Ceux-là ne risquent que peu la contagion, non pas qu'ils soient réellement immunisés, mais parce que la proie malade est happée brutalement et immédiatement avalée. Il faut, vraiment, qu'un germe soit hautement spécialisé pour qu'il puisse engendrer une contamination au travers des parois stomacales.

Le cas est très différent lorsque l'on veut faire manger un poisson prédateur corallien complètement désorienté et traumatisé par les stress consécutifs à sa capture et son voyage par exemple un *Pterois* (cf. MS 359). On risque le pire si on lui impose, dans l'espace clos d'un aquarium, une cohabitation avec un poisson douteux sensé lui servir de proie. La moindre des précautions est de ne lui présenter que des proies **saines** et non pas celles issues, par exemple, d'une flaque de marée basse.

Une autre précaution réside dans le fait d'offrir des petits poissons d'eau douce aux prédateurs d'eau de mer et vice versa. Normalement, la proie survit assez longtemps pour être gobée et si, par un hasard malheureux, elle abandonne quelques germes ou parasites dans l'aquarium, ces derniers n'ont que très peu de chances de survivre au changement de salinité.

Enfin, l'ultime mesure de prudence consiste à retirer dans les dix minutes le poisson présenté qui n'a pas été mangé. Quitte à le représenter le lendemain, après qu'il se soit remis du choc dans une eau à la salinité qui lui convient.

Observons par ailleurs, que lorsque l'on a convaincu un poisson boudeur de bien vouloir se nourrir grâce à de petits poissons vivants, il faut le plus rapidement possible, l'amener à accepter des proies mortes : d'une part, pour éviter les inconvénients précités, d'autre part parce qu'il survient toujours une période où l'on manque de proies vivantes.

Tout le monde ne peut pas, comme à l'Aquarium de Nancy, produire et distribuer des alevins de truites nouvellement éclos et à la vésicule vitelline non résorbée. Cette méthode parfaite, qui ne présente, à notre sens, que des avantages, n'est malheureusement pas à la portée de l'aquariophile ordinaire, qui doit souvent se contenter d'un élevage de *Guppys* (cf. MS 77).

C'est pourquoi, à l'Aquarium de Trouville, même les brochets ont été «dressés» à prendre du poisson mort. Il en est de même avec les *Pterois* précités. On peut, non seulement passer du poisson vivant au poisson mort, mais également ensuite, de ce dernier à la moule. C'est une question de patience.

La nourriture de l'alevin

L'alimentation de l'alevin n'obéit pas aux mêmes critères que celle de l'adulte. Les conseils de modération donnés pour les parents ne sont plus de mise quand les enfants sont concernés.

On affaiblit la santé de l'adulte en l'alimentant trop, on ruine celle de l'alevin en ne le nourrissant pas assez. L'alevin doit pouvoir manger à volonté en permanence, car contrairement à celui de l'adulte, son organisme ne possède pas de réserves.

Un bébé humain mange toutes les trois heures, un bébé poisson devrait pouvoir faire de même. Cela ne peut être vrai que dans les élevages professionnels. Faute de temps, les amateurs doivent souvent se contenter de distribuer trois repas, lesquels suffisent mais sont absolument impératifs, sitôt entièrement résorbé le sac vitellin*.

En dehors des nourritures sèches en poudre qui leur sont destinées, mais qui, en tout état de cause, ne conviennent pas à toutes les espèces et ne couvrent pas tous les besoins, de quoi doivent être constitués ces repas de l'alevin ?

Parfois de cyclopes, le plus souvent possible de nauplies d'artémias (ainsi que nous l'avons vu dans les pages précédentes pour ces 2 aliments) ; également d'autres petites proies, dont les plus usuelles sont certains mini-vers (microvers, grindals, enchytrées).

Mais, auparavant, la première alimentation de tout alevin minuscule, c'est le microplancton des infusoires.

Les premières petites proies

C'est lorsqu'il obtient ses premières reproductions de poissons en captivité, que l'amateur devient un véritable aquariophile.

L'apparition et le développement harmonieux des jeunes dans un délai normal est le fruit d'une bonne alimentation dans le respect des conditions d'hygiène que nous avons définies précédemment : c'est à la fois la récompense de l'application de l'amateur et son certificat d'efficience.

Cependant, lorsqu'il doit nourrir des alevins d'ovipares, l'aquariophile se heurte à des problèmes tout nouveaux :
— l'alevin prend mal, ou ne prend pas, ce qui ne bouge pas ;
— l'alevin ne peut saisir que de toutes petites proies, voire des proies quasi microscopiques.

En un terme très général, on dit que l'amateur va nourrir ses alevins avec des «infusoires», il convient donc d'une part de définir ce que l'on regroupe sous le mot infusoire, d'autre part de décrire sommairement les principales méthodes usuelles de culture de ces organismes.

LES DIFFÉRENTES SORTES D'INFUSOIRES

A l'origine, le mot infusoire désignait tous les microorganismes qui se développent dans les macérations de foin, c'est-à-dire :
— des algues plus ou moins mobiles ;
— des protozoaires ciliés ;
— des rotifères.

En pratique, ce sont essentiellement les protozoaires ciliés qui se développent, en quantités appréciables, dans ces «infusions», et c'est la raison pour laquelle, on les appelle encore parfois : infusoires ciliés.

Les algues

Les quelques dizaines de milliers d'espèces algales usuelles des eaux douces, sont toutes susceptibles de se développer spontanément à la lumière, dans les cultures d'infusoires. Mais, quelques groupes seulement y apparaissent quasiment automatiquement et sont utiles : soit directement pour alimenter des alevins minuscules, soit indirectement pour stimuler les populations de protozoaires.

○ Les *Chlamydomonas* sont de petites cellules mobiles d'un centième de millimètre, qui se déplacent en tourbillonnant grâce au jeu des deux flagelles de longueur égale. En eau de mer, les *Chlamydomonas* sont remplacés par des espèces marines du même genre ou par leur cousin *Dunaliella*.

○ Les *Euglènes*, qui atteignent parfois $1/10^c$ de millimètre, ont une forme de fuseau. Leur faible mobilité est assurée par un seul flagelle.

Ces Euglènes, moitié animaux, moitié végétaux, sont classés dans les algues, parce qu'ils sont chlorophylliens, mais leur côté animal, les rend avides de matières organiques. C'est pourquoi ce sont les hôtes des cultures sales, et de ce fait, leur qualité alimentaire est particulièrement médiocre.

○ Les *Chlorococcales*, qui sont de toutes petites algues de

quelques 5 ou 10 microns (1 micron = $^1/_{1000}$ de mm), sont très favorables :
— à l'oxygénation des infusions qu'elles enrichissent en oxygène par leur photosynthèse intense ;
— à la prolifération des protozoaires, qui souvent s'en nourrissent.

Elles sont trop petites pour être directement mangées par les alevins, mais leur présence dans une infusion ou une culture est généralement utile et, en tous cas, jamais nuisible.

Ce sont elles qui forment ce que l'on nomme en aquariophilie : «les eaux vertes».

Les protozoaires

Ce sont, nous l'avons vu, les organismes-type des cultures d'infusoires, ceux dont on recherche la présence car les alevins les consomment directement.

Hors de toute classification biologique, on reconnaît 4 groupes principaux en fonction de leur alimentation propre.

1 — *Les mangeurs de bactéries*, qui sont les plus faciles à faire proliférer dans de l'eau contenant n'importe quelle matière organique en décomposition. Les exemples types de ce groupe sont la paramécie, qui est une forme libre et la vorticelle, laquelle a pour caractéristique d'être fixée au substrat par un pédoncule.

2 — *Les mangeurs d'algues*, qui sont sans doute d'une meilleure qualité nutritive, parce qu'ils sont issus d'un milieu mieux oxygéné. Ils apparaissent parfois en prime dans les infusions qui tournent en eau verte. Leur culture par des méthodes plus rationnelles est difficile.

3 — *Les carnivores*, qui s'attaquent au précédent, n'apparaissent que rarement dans les cultures et c'est heureux, car ils en sonnent automatiquement le glas.

4 — *Les détritivores* enfin, plus ou moins nécrophages, du type des *coleps* ou des *euplotes*, parfois utilisés pour l'élevage en eau de mer, de jeunes *Amphiprions* (cf. MS 359). Ils proviennent, par définition, de milieux de culture putrides et sont, de ce fait, à utiliser avec prudence et discernement.

Infusoires d'eau douce
1 — Paramécie
2 — Vorticelle
3 — Euplotes

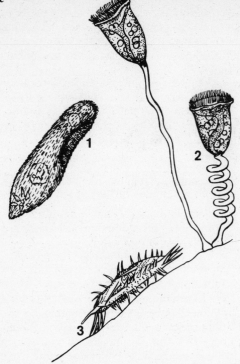

Les rotifères

Les rotifères sont de petits animaux, beaucoup plus évolués que les protozoaires, en ce sens que leur corps est composé d'un ensemble de cellules, déjà bien différenciées en organes. Ils sont vaguement parents des vers. On en distingue deux groupes :
— *les benthiques,* qui vivent accrochés au sol ou aux plantes, et dont les déplacements en pleine eau sont réduits. Ils sont peu accessibles aux alevins, qui très généralement ne broutent pas mais gobent ce qui passe dans leur champ visuel. Les *bdeloïdes* sont les rotifères benthiques classiques des infusions de foin ;

— *les planctoniques* forment une nourriture idéale, à la fois mobile, active, nutritive et fine. Malheureusement, leur élevage est difficile.

LES DIFFÉRENTES CULTURES D'INFUSOIRES

Les cultures paresseuses

Ce ne sont pas de véritables cultures, elles consistent à attendre passivement l'apparition spontanée d'infusoires, dans une masse végétale aquatique, généralement de la *riccia*.

Le rendement est très faible. En effet, cette plante de surface est, certes, en aquarium un lieu privilégié d'habitat pour les infusoires ; mais en fait, ils n'existent vraiment en vastes colonies, que dans les populations sauvages. La riccia n'a pas un pouvoir miraculeux de stimulation des protozoaires !

Les infusions

C'est une méthode simple qui a fait ses preuves. On obtient rapidement une bonne population de protozoaires en laissant macérer quelques jours, dans quelques centimètres d'eau sans chlore, un ingrédient adéquat.

C'est le foin qui se révèle être le plus productif. Mais celui-ci n'étant pas toujours accessible en ville, à défaut, on peut le remplacer par de la laitue, de la peau de banane, etc. Les

---

*L'aquariophile citadin avisé peut, lors de ses escapades champêtres, récolter les 2 composants qui, mélangés, constituent une excellente «infusion» : de l'*herbe à sécher *pour faire du foin et des* mousses *collectées dans des lieux humides, ces dernières étant des réservoirs à protozoaires en sommeil.*

résultats sont plus médiocres, généralement par manque d'ensemencement. Le foin coupé, lui, abrite des protozoaires enkystés en dormance, qui ne demandent qu'à s'éveiller et proliférer. Cette présence est moins évidente sur les peaux de banane.

Lorsqu'une «infusion» fonctionne, il faut en conserver une certaine partie afin d'ensemencer, donc d'accélérer les infusions suivantes. On peut, par ailleurs, favoriser la multiplication des infusoires en ajoutant, à la culture, un produit du commerce, destiné à cet effet.

Le riz paddy

La germination du riz, sous 1 ou 2 cm d'eau, provoque également une prolifération d'infusoires. Une bonne méthode consiste à placer une couche de riz sur du sable, lui-même placé sur un filtre-plaque, qui fonctionne.

Lorsque l'on veut des infusoires, on arrête le fonctionnement du filtre et les protozoaires qui s'asphyxient, quittent le substrat pour monter dans les couches supérieures de la culture où il est possible de les récolter.

La culture sur blé

C'est déjà une technique plus élaborée et, par voie de conséquence, beaucoup plus productive.

Elle se pratique de la manière suivante :
1° — on fait bouillir une cuillère à soupe de grains de blé dans ½ litre d'eau peu calcaire et sans chlore. Puis, on recueille le blé et le bouillon qui a pris une teinte jaune,
2° — on dilue ce dernier, pour moitié avec de l'eau pure, avant de répartir le mélange dans divers récipients, en y ajoutant un grain de blé bouilli pour 10 ml de milieu ;
3° — on ensemence avec une précédente culture.

L'utilité de la multiplication des récipients résulte du fait que, pour des raisons obscures, ces cultures marchent mieux dans des petits volumes. C'est ainsi que les professionnels obtiennent souvent plus de protozoaires dans un tube à essai de 10 ml que l'amateur dans une bouteille d'un quart de litre.

Ces cultures ne marchent qu'un temps parce qu'elles sont vite contaminées par des organismes divers et sans intérêt. Les scientifiques pallient à cela en respectant les consignes de stérilisation, utilisées en bactériologie ; évidemment, ce n'est pas toujours transposable à l'aquariophilie. L'amateur peut cependant retarder la contamination en stérilisant son matériel par ébullition.

Les cultures sur algues

Ce sont les cultures les plus sophistiquées. Pour les effectuer, on cultive préalablement une souche d'algue chlorococcale, dans des conditions de stérilité totale. Puis, on nourrit une culture «pure» de protozoaire algivore ou de rotifère planctonique grâce à ces algues.

C'est en pratique un travail de laboratoire, mais nous l'indiquons malgré tout car les aquariophiles chevronnés peuvent y parvenir, s'ils sont aidés par des spécialistes.

LES NOURRITURES DE TRANSITION

Les cultures d'artemias

L'*Artemia salina* adulte est, comme nous l'avons vu, une sorte de crevette très utilisée pour nourrir certains poissons coralliens à petite bouche, dont en particulier les *hippocampes*. Sa larve, dite nauplie, s'utilise comme nourriture privilégiée des alevins de second âge, c'est-à-dire mesurant déjà autour de 5 mm, qu'ils soient d'eau douce ou marine.

Nous ne nous étendrons pas sur son élevage, car non seulement, il est traité dans bon nombre d'ouvrages (cf. MS 77 et 359), mais surtout l'amateur n'en est pas réduit aux moyens artisanaux comme avec les autres petites proies que nous évoquons. Le commerce aquariophile fournit non seulement des œufs, mais également différents modèles d'éclosoirs ingénieux, puisque certains permettent même de faire croître de petites quantités de nauplies, jusqu'au stade de l'adulte.

Les anguillules ou micro-vers

Les alevins de quelques jours ou de quelques semaines ne se contentent plus d'une nourriture quasiment microscopique. Ils ne sont pas pour autant capables de saisir les aliments pour adultes.

L'anguillule, un micro-ver de 0,5 à 2 mm forme, en raison de ses dimensions réduites, une nourriture de transition possible. Mais, elle n'est pratiquement pas commercialisée.

L'amateur doit donc, après s'être procuré une souche de départ, entreprendre un élevage. Celui-ci s'effectue dans un bocal suffisamment fermé pour que l'humidité y demeure constante.

Le milieu nutritif est composé de 4 parties de flocons d'avoine pour 2 parties de lait écrémé en poudre et une partie de levure de bière sèche. Le tout est d'abord bien mélangé, puis l'on ajoute de l'eau jusqu'à ce que la bouillie obtenue après gonflement, soit environ 20 minutes, devienne épaisse, mais demeure encore fluide.

Des vers sont déposés à la surface de ce milieu afin de démarrer la culture. C'est à l'aide d'un pinceau, aux poils rigides et bien mouillés, que l'on récolte, pour les distribuer aux alevins, les vers qui migrent le long des parois du bocal. L'élevage doit être maintenu entre 25 et 28° C.

On constate, toutes les 3 semaines environ, une dégradation progressive du milieu. Il faut donc disposer de 3 bocaux et refaire périodiquement une nouvelle culture, si l'on ne veut jamais se trouver en rupture de stock.

Les vers grindal

Ces parents, éloignés du ver de terre commun, sont un peu plus gros que les anguillules et mesurent 2 ou 3 millimètres.

Ils ne s'élèvent pas directement, comme les précédents, sur un substrat formé par leur nourriture, mais dans un milieu aéré maintenu toujours humide. Le support le plus favorable aux cultures est formé par un tapis de mousses des bois ou mieux encore de sphaignes, qui ont pour mérite d'être des mousses aquatiques.

. En plus de l'humidité permanente, il faut impérativement maintenir à ces petits animaux une température de 25 à 28° C. Pour les nourrir, on leur distribue de petites quantités de yaourt, de flocons d'avoine cuits au lait ou à l'eau, du pain mouillé, du lait en poudre, de la farine, des aliments pour bébé... En bref, ils mangent tant de choses que l'on se contente généralement de la solution la plus simple : on leur fournit des morceaux de biscotte trempés dans du lait.

Le récipient d'élevage, une boîte en plastique, par exemple, doit être recouvert d'une plaque de verre écrasant la nourriture qui doit être consommée en 2 à 3 jours, pour ne pas avoir le temps de moisir.

La récolte s'effectue en prélevant, avec un pinceau mouillé, les vers qui se trouvent autour de la nourriture.

Progressivement, le rendement de l'élevage diminue pour cause de mauvaise hygiène du milieu. Il faut nettoyer la boîte et rincer la mousse avant de réensemencer.

○ Une espèce voisine, l'*enchytrée*, s'élève dans des conditions presque identiques. Mais, la température ambiante doit se situer aussi près que possible de 15° C et ne pas dépasser 20° au grand maximum. Le support préférentiel consiste en 8 à 10 cm de mélange humide de ⅔ de terreau pour ⅓ de sable.

Quoique très fins — ces vers mesurant 1 cm — il s'agit de proies qui ne concernent pratiquement plus l'alevin et sont, par ailleurs, très grasses. Ils ne doivent donc constituer qu'une nourriture d'appoint.

Les maladies

Tout au long des précédents chapitres, nous avons défini, pour chaque domaine concerné, les moyens d'obtenir, dans la vie en captivité, un milieu sain en l'établissant aussi proche que possible de celui de la nature. Et cela, bien entendu dans le but de maintenir la santé, puisque, dès le début de cet ouvrage, nous l'avons proclamé : «*Il n'y a pas de poissons malades, il n'y a que des aquariums malades*».

En effet, il est évident que, si des poissons sont victimes de maladies, alors qu'ils vivent depuis des mois dans un aquarium, c'est bien la dégradation de ce dernier, en tant que milieu de vie, qui est le plus souvent responsable de l'altération de la santé des habitants.

Il est non moins sûr, cependant qu'il y a des cas — notamment s'il s'agit de sujets nouvellement introduits — pour lesquels c'est bien le poisson lui-même qui est malade. Il nous faut alors tenter de le soigner, malgré les nombreuses difficultés que cela présente.

Les limites de l'aquariophile

Ainsi qu'il a déjà été écrit, on ne peut pas interroger un poisson pour savoir d'où il souffre, ni pratiquement lui faire de piqûres ou le passer à la radio, ni lui faire prendre un sirop, un comprimé ou un suppositoire.

Nous ne pouvons même que rarement consulter un médecin vétérinaire : d'une part, sa formation aura le plus souvent à peine abordé ce domaine particulier de la pathologie ichtyologique ; d'autre part, les honoraires risqueraient d'être supérieurs à la valeur de bon nombre des poissons usuels.

Si nous ajoutons à tous ces facteurs défavorables le fait que, sans un petit équipement de laboratoire accompagné d'un minimum de formation, on ne peut guère tirer de profit des constatations effectuées, il ne reste pratiquement à Monsieur Tout-le-Monde aquariophile (à part, dans de rares cas, une goutte dans l'œil ou un attouchement avec un coton-tige imbibé de remède) qu'une seule et unique ressource, **soigner par bains** après observation attentive de ses poissons afin de détecter :

— *toute altération de leur aspect* (exemple : coloration altérée) ;

— *toute modification dans leur attitude* (exemple : position penchée) ;

— *tout changement dans leur comportement* (exemple : nage saccadée).

C'est pourquoi, laissant à des ouvrages spécialisés le soin d'indiquer le maniement du microscope, des plaques de culture et autres instruments de dissection, nous nous bornons à vous présenter, dans les pages qui suivent, les maladies observables sous forme d'un tableau pratique et rationnel :

— *pratique* parce que nous indiquons les symptômes de manière aussi précise que possible ;

— *rationnel* parce que ces indices fournissent déjà un premier diagnostic, compte tenu qu'ils sont regroupés en maladies de la nutrition, maladies parasitaires, etc.

Ce qui n'exclut pas que l'on puisse retrouver le même symptôme dans 2 rubriques différentes, si le dit symptôme est commun à 2 maladies distinctes. Cela se produit. Par exemple, la pourriture des nageoires : celle-ci peut avoir pour cause aussi bien un champignon, qu'une bactérie.

La reconnaissance des maladies

Tout ceci étant observé, il nous faut encore constater que la littérature traditionnelle de l'aquariophilie oppose généralement les symptômes pathologiques présentés par un poisson malade aux remèdes qu'il convient de lui appliquer pour le guérir. C'est une conception logique mais parfois fort peu pratique parce qu'elle correspond mal à la réalité de l'aquarium.

Non seulement, la liste des indices de maladie présentés

par un poisson est finalement fort courte ; mais en outre, que peut-on dire de réellement concret d'un poisson qui semble respirer avec peine ?

Cette difficulté, quant à la nature des soins que l'on doit prodiguer, nous mène à distinguer deux phases dans notre action thérapeutique.

● Une première durant laquelle **la maladie n'est pas formellement reconnue.** Au cours de cette période, on soigne les animaux par des actions directes ou par l'utilisation de remèdes universels : par exemple, on monte la température, on pousse l'aération et on utilise une panacée comme un désinfectant ou du cuivre en solution, selon qu'il s'agit d'eau douce ou d'eau de mer.

Il advient fréquemment que l'on guérisse ainsi des poissons sans avoir compris de quoi ils souffraient. La méconnaissance du mal n'empêche pas toujours l'efficacité.

● Dans une seconde phase, souvent très proche parfois presqu'immédiate, l'aquariophile peut reconnaître la maladie à quelques **symptômes caractéristiques.**

Il utilise alors un remède précis, choisi en toute connaissance de cause et dont les mérites seront, d'une part d'être plus radical et d'autre part plus ponctuel, c'est-à-dire moins nuisible pour l'ensemble de l'équilibre de l'aquarium.

Les médicaments que nous allons indiquer sont donc ceux que l'on utilise en cas de **maladie formellement reconnue.** De toute évidence, on ne peut hélas garantir leur action : des symptômes peu évidents, opposés à des troubles trop nombreux ne pouvant conduire qu'à une efficacité relative.

Ceci étant dit, la conscience des limites de nos diagnostics ne doit pas nous conduire à tout soigner à l'aide de panacées que l'on croit efficaces, sans plus se torturer l'esprit sous prétexte que, de toute façon, on ne sait pas de quoi souffre le poisson.

Ce raisonnement à la paresseuse ne saurait être de mise, compte tenu que les maladies les plus usuelles de l'aquarium sont relativement caractéristiques. On peut presque toujours, à défaut de plus grande précision, rapporter un trouble à un groupe de maladies. Exemples : les maladies à bactéries, les maladies à protozoaires, etc.

C'est pourquoi avant de parler des remèdes, il importe de décrire les principaux groupes d'agents pathogènes.

Les agents pathogènes

LES VIRUS

Dans l'esprit du grand public, les virus sont des organismes mystérieux, difficiles à combattre et pratiquement invisibles. Ainsi, dans tous les domaines médicaux, dès qu'un mal se propage et semble insaisissable, il se trouve toujours quelqu'un pour accuser les virus, c'est souvent vrai mais, bien entendu, pas toujours.

● Qu'est-ce qu'un virus ?

Un virus est, ce que l'on appelait il y a encore peu de temps, un virus filtrant, c'est-à-dire un organisme capable de «filtrer» au travers du tamis le plus fin. Les virus traversent les bougies en porcelaine aussi bien que les filtres d'aquarium stérilisant utilisant la terre à infusoire.

Pourquoi ? Parce que la taille d'un virus est de l'ordre du nanomètre, c'est-à-dire qu'il n'est visible qu'au microscope électronique.

Les virus sont souvent considérés comme étant des organismes errant à la limite du monde vivant, on dit parfois des «semi-vivants».

Cela provient du fait qu'un virus est constitué de deux parties : une thèque ou carapace protectrice, abritant la plus simple expression possible d'un morceau d'acide nucléique ou, pour préciser les choses, d'un morceau de «gène», c'est-à-dire de la matière chimique de l'information génétique universelle.

Dans une expérience, ces deux parties peuvent réagir indépendamment l'une de l'autre comme des matières chimiques pures et, en ce sens, le virus n'appartient pas au monde vivant. Par contre, la partie nucléique appartient, par définition, au monde vivant puisqu'elle en est l'expression fondamentale. Heureusement, il ne nous appartient pas de trancher et, pour nous, le virus reste un virus!

● L'activité des virus

Ce morceau de gène qui est la partie active du virus réagit avec les gènes des cellules qu'il contamine : le virus est un parasite, qui fait travailler les cellules qu'il infecte, en leur fournissant un faux message codé qu'elles reproduisent, multipliant ainsi l'agent infectieux.

Une cellule contaminée pouvant reproduire inlassablement un faux message (la pauvre croit fabriquer quelque chose d'utile à l'organisme), la reproduction, nous sommes tentés de dire le «tirage», des virus est illimitée. *Donc leur prolifération est explosive!*

Par contre, seules des cellules possédant des caractéristiques génétiques compatibles avec leurs besoins, peuvent être contaminées par des virus. *Donc l'infection, qu'ils provoquent, est très spécifique!*

● Conséquences en aquariophilie

La conclusion de tout cela qui intéresse directement l'aquariophilie, c'est que, lorsque sans maladie usuelle déclarée, *les poissons d'une même espèce*, tombent comme des mouches, alors que les poissons des autres espèces, même les plus fragiles ou les plus débiles ne sont pas incommodés, on est en droit de penser à une maladie virale.

Lorsque des *poissons de plusieurs espèces* bien distinctes sont simultanément malades, le mot «virus» ne sert qu'à cacher notre ignorance concernant l'origine de leur maladie.

L'étude du problème, sous cet angle, permet de conclure que les aquariums connaissent assez peu de maladies virales.

LES BACTÉRIES

Elles représentent certainement le groupe d'organismes vivants qui fournit le plus de germes pathogènes.

Les bactéries mesurent généralement de 1 à 3 microns (millième de mm). On distingue deux grands groupes morphologiques principaux, celui des *bacilles*, en forme de bâtonnet, et celui des *coccis*, en forme de point.

La reconnaissance plus fine des bactéries est basée sur leur biochimie.[1] C'est grâce à celle-ci que les bactéries survivent. A tous les niveaux de la machine «Nature», elles dégradent, modifient, recyclent les molécules organiques. Sans elles, il n'y aurait pas de vie possible sur Terre.

Evidemment et malheureusement, une telle activité conduit tout naturellement certaines souches au parasitisme : c'est-à-dire à l'infection d'autres organismes vivants.

Le processus est le suivant : la bactérie pathogène exerce sa chimie au niveau des organes infectés ; dans ces derniers elle détourne, à son profit, des substances vitales et intoxique les tissus avec ses sous-produits.

● Les bactéries ont donc une toute autre activité infectieuse que celle des virus : c'est une **activité biochimique** et non génétique.

Les virus, nous l'avons vu, ont un pouvoir reproducteur explosif mais ils sont totalement assujettis à la nécessité de trouver un hôte cellulaire, possédant la séquence d'acide nucléique qui est complémentaire de la leur. Ce sont des germes terriblement infectieux, au sein d'une même espèce d'hôte animal, mais pratiquement incapables de se propager d'une espèce à l'autre.

Les bactéries pathogènes ont un pouvoir reproducteur plus lent, lié à leur division binaire, chaque bactérie se divisant toutes les 20 à 30 minutes. C'est rapide, mais ce n'est cependant pas comparable à la vitesse de fabrication à la chaîne des virus.

[1] — Les techniques biochimiques de reconnaissance des bactéries constituent une science propre : la *bactériologie* ou la *microbiologie*, ce dernier terme ayant toutefois un sens plus large.

● Par contre, avantage pour elles, désavantage pour nous, **les bactéries ne sont pas rattachées à la génétique d'une espèce précise.** Elles sont liées uniquement à la présence ou à la fabrication par l'hôte de telle ou telle molécule organique, et lorsque deux espèces animales secrètent le même type de substance ou d'humeur, la contagion bactérienne est possible entre elles.

Voilà pourquoi, par exemple, si dans un aquarium, tous les *Néons* (cf. MS 77) périssent en 48 heures, on peut accuser un virus ; alors que si c'est l'ensemble des espèces peuplant le bac qui est frappé à mort, selon un rythme plus lent, on est en droit de suspecter une affection bactérienne. Tout au moins tant que l'on ne possède pas l'évidence de la présence d'un parasite externe ou interne.

LES FLAGELLÉS

Si nous montons de plus en plus haut dans l'échelle des êtres vivants pathogènes, nous passons tout naturellement des bactéries aux flagellés.

Les flagellés sont des organismes unicellulaires qui doivent leur nom aux flagelles ou fouets locomoteurs, généralement au nombre de deux, qui assurent leur mobilité.

La plupart d'entre eux sont à la frontière imprécise séparant les végétaux des animaux. Ceux qui semblent avoir franchi cette frontière sont nommés zooflagellés. Les autres, encore à demi végétaux, sont appelés phytoflagellés.

Les zooflagellés

Les zooflagellés se sont séparés des algues bien avant la nuit des temps et ne gardent plus grandes traces de l'organisation végétale. Dans leur forme classique, ils se présentent comme des animalcules de quelques 10 millièmes de mm, incolores et munis généralement de deux fouets locomoteurs.

○ Le zooflagellé-type est le *Trypanosome* de la maladie du sommeil (voir illustration, p. 177). C'est un parasite des animaux terrestres. Il n'assure sa propagation que par l'intermédiaire d'un véhicule qui le maintient en milieu liquide : le sang d'une mouche, la tristement célèbre mouche Tsé-Tsé.

○ Le zooflagellé de l'aquarium est le *Costia (Ichthyobodo necatrix*, voir illustration en p. 177). C'est un parasite des poissons, qui possède sur son homologue des maladies terrestres, l'avantage de pouvoir être libre dans le milieu liquide de l'aquarium.

Il n'en a heureusement pas la virulence, c'est plutôt un germe d'accompagnement, c'est-à-dire l'un de ces germes qui sont inaptes à venir infecter un organisme sain, mais qui sont fort capables de venir achever un animal déjà malade.

Il provoque des affections de la peau, se traduisant par un aspect muqueux.

Les phytoflagellés

Les phytoflagellés sont d'une origine peut-être moins lointaine que les zooflagellés. Au pouvoir photosynthétique près, ils ont gardé l'organisation d'une algue unicellulaire, verte, brune ou rouge.

Il est d'ailleurs curieux de constater que certains organismes hésitent encore sur la nature qu'ils doivent adopter. Par exemple, l'algue *Euglena* peut devenir incolore et sans photosynthèse ni chlorophylle si elle est cultivée sans lumière et dans un milieu à base de sucre. Alors que, si on la remet en lumière, et que l'on lui supprime le sucre, elle redevient verte et photosynthétique. Au contraire, chez sa cousine *Astasia*, la possibilité de redevenir verte est perdue. Une *Astasia* est une *Euglena* définitivement incolore qui vit donc obligatoirement de la dégradation de substances organiques.

Dans certains cas rares, des *Astasia* vivent dans les intestins d'animaux, là bien sûr où les matières sucrées et azotées sont abondantes. Elles sont alors sur le point de devenir pathogènes[*].

Le couple *Euglena-Astasia* est intéressant parce qu'il est démonstratif de la logique qui mène les organismes, perdant leur pouvoir photosynthétique, à tendre à **devenir pathogènes.**

A première vue, ces considérations semblent éloignées de la santé de l'aquarium car notre tendance est de rechercher les germes virulents, plus parmi les zooflagellés que parmi les phytoflagellés du fait que l'on associe inconsciemment les notions de mouvement et de parasitisme au monde animal.

Mais, c'est une erreur, puisque l'un des germes actuels les plus virulents de l'aquarium, l'*Oodinium*, est un phytoflagellé donc bel et bien une algue qui a perdu son pouvoir photosynthétique. Son étude mérite un paragraphe particulier.

L'Oodinium

Les *Oodiniums* (car il y a au moins trois espèces courantes en aquarium dont deux d'eau douce : *Oodinium pillularis* et *Oodinium limneticum* et une d'eau de mer : *Oodinium ocellatum*) font partie des *Dinophycées*, c'est-à-dire de l'ensemble d'algues brunes communément appelées *Péridiniens*.

Ce groupe extrêmement vaste est constitué d'algues surtout marines, toutes planctoniques, ayant une importance économique considérable.

Malheureusement comme dans toutes les grandes familles, il y a de mauvais sujets! Ce sont, d'une part, les Oodiniums et, d'autre part, les «péridiniens nus» responsables des «marées rouges». Le phénomène des marées rouges (à ne pas confondre avec les boues rouges) est une pollution marine provoquée par une prolifération anormale de phytoflagellés qui colorent les eaux tropicales en rouge sang. Il n'y a pas qu'une nuisance esthétique, ces phytoflagellés rejettent, dans le milieu, des toxines extrêmement violentes qui détruisent le poisson. Les marées rouges sont engendrées par tout un ensemble de modifications du milieu marin (telles des pollutions thermiques) vraisemblablement dû aux activités humaines. Elles s'étendent d'année en année. Leurs ravages sur le plan écologique sont catastrophiques mais ne rentrent pas dans le cadre de cet ouvrage.

● **Description de la maladie**

En pratique et en opposition aux cas des virus et des bactéries, avec les flagellés on entre dans le cadre de maladies qui ne sont plus seulement identifiables par les symptômes qu'elles provoquent chez le poisson mais également par la vision directe du parasite (illustration en p. 177).

Certes, il n'est pas question d'apercevoir un Oodinium libre de quelques millièmes de millimètre, se livrant dans l'aquarium aux joies de la natation ; mais par contre, la prolifération d'Oodiniums sur la peau d'un poisson, provoque un velouté caractéristique, qui est parfaitement identifiable.

L'Oodinium entre dans le cas des flagellés à reproduction sans kyste, c'est-à-dire que la reproduction se fait sous l'enveloppe cellulaire de la cellule-mère fixée sur la peau, les nageoires et surtout les branchies des poissons.

Dans une première étape, un individu migrateur infecte un poisson sur lequel il se fixe. Il vit d'abord au détriment disons des « mucosités » du poisson et ce n'est, sans doute pas en cela qu'il est réellement nocif.

Puis, il s'immisce entre les cellules et cause des dommages mécaniques ou des lésions qui peuvent déjà être graves lorsqu'elles sont mal placées.

Plus hypothétiquement, mais très probablement, il intoxique son hôte avec les sous-produits de son métabolisme. En effet, tous les péridiniens sont des producteurs de poisons parfois violents. Il en est donc de même pour l'Oodinium. Le parasite fixé forme, en quelques 24 ou 48 heures, un kyste qui contiendra 12, 32 ou 64 (généralement un multiple de 4) nouveaux Oodiniums et ceux-ci sont libérés ensemble au niveau même des organes du poisson.

C'est là que réside l'efficacité du système. Il y a vraisemblablement plusieurs réinfections immédiates avant la formation de véritables nouveaux flagellés migrateurs ; c'est-à-dire de flagellés, contraints d'abandonner leur hôte sous la pression de nécessités génétiques, qui se traduisent, par exemple, par le besoin de trouver un partenaire sexuel (car la sexualité mène également le monde des microbes).

En bref, deux générations de 32 parasites représentent $32 \times 32 = 1.024$ germes infectieux et trois générations

$32 \times 32 \times 32 = 32.768$ germes. A ce rythme, il peut s'en perdre... il en reste toujours assez pour tuer le poisson!

C'est ainsi que des sujets, nouvellement importés et donc fatigués, sont emportés par la maladie au bout de trois ou quatre jours, si on ne les protège pas.

● Les risques de contamination

Les véritables Oodiniums migrateurs, ceux qui quittent le poisson, soit pour des raisons génétiques, soit à la recherche d'un nouvel hôte à infecter, n'ont qu'un délai de vie d'une quinzaine de jours. Cela signifie, qu'en principe, un aquarium n'ayant plus contenu de poissons, contaminés ou sains, depuis trois semaines à un mois, peut normalement, sauf cas aberrant, être considéré comme sain.

Il n'en est pas de même du poisson infecté qui peut, durant des mois, abriter des germes latents qu'il inhibe lui-même, sous l'effet par exemple de son autovaccination. En bref, un poisson peut être contaminant sans être malade et il faut bien distinguer les deux notions.

Enfin, il faut savoir, par ailleurs, que les Oodiniums d'eau douce peuvent rester très longtemps vivants dans l'estomac des poissons.

Il semble que cela soit différent dans le cas du poisson d'eau de mer, mais il est prudent de considérer que cela peut arriver.

Les autres flagellés

Si l'on considère que, dans les eaux douces, le nombre des espèces de phyto- et zooflagellés réunis, atteint vraisemblablement plusieurs milliers, il semble probable que la liste des flagellés parasites des poissons, n'est pas close avec les quelques espèces évoquées ci-dessus.

Mais, ce constat n'a rien d'inquiétant. En effet, les flagellés non-identifiés, éventuellement fixés à la peau et aux nageoires des poissons seront confondus avec l'Oodinium, traités comme tels, et généralement éliminés... même sous une fausse identification.

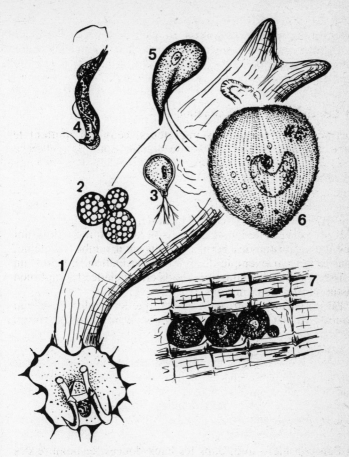

Flagellés, protozoaires ciliés et vers pathogènes
1 — Gyrodactylus
2 — Plistophora
3 — Oodinium
4 — Trypanosome
5 — Costia
6 — Ichthyophthirius, individu migrateur
7 — Ichthyophthirius, individus en division dans les tissus d'un poisson qu'ils ont infecté

Il y a plus ennuyeux : c'est le cas des flagellés qui infectent les organes internes des poissons. Le diagnostic devient alors fort incertain : si l'on guérit l'animal, ce sera par chance ou le plus souvent... parce qu'il se sera guéri tout seul. C'est dans ces circonstances particulières qu'apparaît l'importance des conditions générales de bon élevage, que l'on a décrites aux chapitres précédents.

Une mortalité due à des flagellés internes est à placer dans le cadre des décès pour cause inconnue. Une guérison, dans un cas de ce genre, est à attribuer aux bonnes conditions d'ensemble du bac, et à la santé même de l'aquarium plus encore qu'à celle du poisson.

LES PROTOZOAIRES CILIÉS

Les vrais protozoaires, les prototozaires ciliés bien qu'ils soient unicellulaires sont des êtres extrêmement complexes. Même si on les place communément parmi les animaux les plus inférieurs, ils sont en fait très évolués.

On en distingue trois groupes :

— *les Holotriches* qui ont remplacé leurs flagelles par une toison de petits cils vibratiles réguliers. C'est, par exemple, la *Paramécie*.

— *les Péritriches*, souvent fixés en colonies et qui ont conservé un appareil ciliaire très développé, surtout autour de la bouche. La *Vorticelle*, présente discrètement dans tous les aquariums, en est un exemple.

— *les Hypotriches* sont les plus évolués. Leurs soies forment de véritables membres locomoteurs : les cires. Ils abondent en eau de mer. Certains comme les *Euplotes* ont été utilisés pour l'alimentation des alevins d'*Amphiprion* (p. 159-160).

Les Ciliés sont de véritables animaux. Avec eux, la nutrition par absorption osmotique* des substances organiques n'existe plus. Qu'ils soient algivores ou carnivores, ils se nourrissent de proies qu'ils capturent.

Evidemment, pour notre malheur, certains ont choisi la voie du parasitisme, ils se fixent sur l'hôte dont ils détruisent les chairs. Le plus connu en aquarium est celui qui provoque, en eau douce, la maladie dite des points blancs l'**Ichthyoph-thirius**. C'est un protozoaire cilié holotriche (illustration, p. 177). Remarquons que si ce livre avait été écrit dans un passé récent, on aurait parlé d'*Ichthyophthirius multifilis*, alors qu'aujourd'hui on se contente du nom générique.

Ce n'est pas une imprécision. Simplement, on s'est rendu compte qu'il existe en aquarium une foule d'Ichthyoph-thirioses diverses provoquées autant par des souches ou des variétés différentes d'*I. multifilis* que, sans doute, par d'autres espèces et même par d'autres infusoires ciliés.

Cela n'a en fait aucune importance sur le plan pratique, puisque les symptômes pathologiques sont les mêmes et les traitements globalement identiques. Mais, c'est ce qui explique que le traitement, efficace un mois auparavant, peut ne plus l'être exactement dans les mêmes conditions un mois après. Cela résulte souvent du fait que, tout simplement, le germe auquel on se trouve confronté, n'est plus tout à fait le même (C'est d'ailleurs vrai pour l'ensemble des microorga-nismes : la médecine humaine, avec tous les moyens dont elle dispose, tend peut-être à atteindre les sciences presque exactes, mais certainement pas notre pauvre médecine d'aquarium).

● Ichthyophthiriose et Oodiniose

Un protozoaire cilié parasite, tel *Ichthyophthirius*, qui infecte la peau et les nageoires des poissons, se comporte pratique-ment comme un phytoflagellé aux méfaits identiques à ceux de l'Oodinium, ce dernier ayant un cycle de reproduction et de migration très semblable.

La différence de nature zoologique est secondaire mais il est cependant absolument nécessaire de distinguer immédia-tement quel est l'agent infectant un poisson, car aussi virulent soit-il, un vrai protozoaire n'a pas cette dynamique explosive des populations qui caractérise un phytoflagellé.

En d'autres termes, on a généralement le temps de réflé-chir pour enrayer, dans les meilleures conditions, une épidé-mie à protozoaires ciliés alors que l'on a jamais le temps de l'hésitation dans le cas d'une épidémie, dont l'agent patho-gène est l'Oodinium.

C'est pour cette raison que l'on doit traiter préventivement des poissons d'eau de mer nouvellement importés et suspects de véhiculer l'Oodinium. Alors que l'on peut se contenter de ne traiter des poissons d'eau douce, nouvellement importés et suspects surtout de ne véhiculer qu'une Ichthyosphthiriose, que si la réalité de l'infection se confirme.

Durant le laps de temps que met un phytoflagellé, pour se multiplier par mille, un protozoaire cilié, ne se multiplie que par plusieurs dizaines. C'est pourquoi, il faut savoir immédiatement reconnaître une Oodiniose d'une Ichthyophthiriose. Les symptômes, permettant de les identifier, sont d'ailleurs indiqués d'ici quelques pages dans le tableau des maladies.

Signalons pour terminer ce chapitre, que parallèlement à l'*Ichthyophthirius*, qui attaque essentiellement les poissons d'eau douce, il existe le *Cryptocarion*, son homologue d'eau de mer. Il faut bien dire que, comparé à l'Oodinium, il paraît bénin.

LES CHAMPIGNONS

Les champignons sont aussi abusivement rapprochés des plantes que les bactéries le sont des animaux.

La physiologie cellulaire d'un thalle de champignon ou de moisissure est plus proche de celle d'un animal que de celle d'un végétal, en ce sens que pour couvrir ses besoins azotés, il utilise plutôt de l'azote organique comme les animaux, que de l'azote minéral comme les végétaux. Ne parlons même pas de ses besoins en carbone qui, hors de toute photosynthèse, sont obligatoirement couverts, également comme chez l'animal, par un carbone organique, par exemple un sucre.

Ceci ayant été précisé, il faut savoir que plusieurs champignons aquatiques s'attaquent directement aux téguments* et aux tissus des poissons. Ce sont ces affections qui sont communément désignées sous le nom de **mousses.** Elles sont provoquées par des moisissures du genre *Saprolegnia*, voisines des formes qui s'attaquent normalement aux poissons morts.

Les saprolégnioses

Nous distinguerons, en pratique, deux sortes de saprolégnioses.

● Les saprolégnioses à **forme cotonneuse,** aux filaments denses et de plusieurs millimètres de long (voire même de plusieurs centimètres); elles se fixent généralement sur les blessures et la partie arrière du corps des poissons.

Bien qu'elle soit illustrée dans de nombreux ouvrages d'aquariophilie, cette mousse à filaments n'est pas une affection propre aux aquariums mais plutôt aux étangs insalubres ou surpeuplés.

Lorsque cette maladie apparaît sur des poissons d'aquarium, cela signifie que les conditions y sont déplorables : ou bien la nourriture distribuée, abusivement, n'est jamais retirée lorsqu'elle n'est pas consommée; ou bien la température et la nature de l'eau ne sont pas conformes aux besoins des espèces. Souvent, si l'on rétablit les conditions générales d'hygiène du bac, la mousse disparaît d'elle-même des poissons les moins atteints. Quant aux autres, s'ils n'ont pas été soignés énergiquement dès le début du mal, ils sont perdus.

Lorsque cet incident se renouvelle périodiquement, cela signifie :

— soit que les poissons choisis sont inadaptables aux conditions de vie offertes par l'aquarium, dans lequel on les invite à vivre;

— soit encore que le bac est conduit avec une excessive désinvolture.

● Les saprolégnioses à **forme duveteuse,** qui sont plus discrètes et affectent non seulement les écailles du corps mais également les lèvres et les yeux, se déclarent beaucoup plus sournoisement.

Très fréquemment, ce type de mousse se manifeste discrètement ou à la suite de conditions relativement insalubres, ou encore après un refroidissement ou un choc.

Lorsque ce sont les yeux qui sont concernés et qu'un seul œil s'infecte sur un seul poisson, c'est généralement un heurt qui se trouve à l'origine de l'apparition du mal. Mais, ce dernier n'en est pas moins infectieux.

Pour cette mousse, comme pour les autres saprolégnioses, on observe couramment l'importance que revêt la **condition physiologique** du poisson : la contamination ne touchant, de préférence, que des sujets diminués, quelle que soit la cause de cette diminution.

Ainsi, parmi les espèces territoriales, on constate que l'animal dominé et maintenu au bas de la hiérarchie sociale est plus facilement contaminé que ses congénères. Mieux, même une affection bénigne de mousse peut être le premier signe montrant qu'un poisson subit une domination. Si on l'isole, il a les plus grandes chances de guérir.

Les affections de l'œil, que nous évoquions ci-dessus, sont fort ennuyeuses car elles peuvent être la porte ouverte à une exophtalmie (voir le tableau des maladies, p. 222) ou même à la cécité. Mais, fort heureusement, elles ne sont pas toujours graves. Dans de bonnes conditions, la plupart des cas se soignent maintenant de façon satisfaisante.

Il est d'ailleurs curieux de constater que cette maladie était beaucoup plus crainte des anciens aquariophiles que des amateurs actuels. C'est un phénomène comparable et pour les mêmes causes, à celui constaté dans des affections humaines : lèpre, gale, etc. Les progrès de l'hygiène font reculer tout un front de maladies que l'on jugeait antérieurement effroyables.

LES VERS

Beaucoup d'animaux de la classe des vers, ou *Helminthes*, sont des parasites, en particulier parmi les deux groupes voisins des *Nematodes* et des *Trematodes*. Certains provoquent les affections très graves que sont, en médecine humaine les cas de douve du foie et de bilharziose.

● **Des formes inoffensives** de vers d'aspect comparable sont communément manipulées par les aquariophiles qui les connaissent très bien : ce sont les **micro-vers** ou **anguillules** qui sont élevés comme nourriture et que nous avons évoqués dans les aliments pour alevins.

Disons, tout de suite, que ces petites proies, sont absolument sans aucun danger, tant pour l'homme que pour les poissons. Cependant, s'ils sont élevés comme nourriture, c'est que leur pouvoir reproducteur est considérable. Nous avons ainsi une idée de la rapidité de reproduction d'un Nematode ou d'un Trematode infectieux.

● **Les maladies** engendrées par des vers sont rares en aquarium. Personnellement, nous n'avons connu qu'un cas de parasitose par vers sur des *Tetraodons* nouvellement importés.

Le ver replié plusieurs fois sur lui-même à l'intérieur de la cavité stomacale du poisson mesurait 4 cm, soit 1 cm de plus que le poisson! A la loupe binoculaire, le corps transparent du parasite laissait apercevoir des centaines de jeunes vers, microscopiques mais parfaitement formés.

L'espèce précise du parasite n'a pas été identifiée. Dans un tel cas, une seule mesure s'impose : destruction immédiate du poisson et de son parasite, désinfection de l'aquarium à l'eau de javel.

D'autres vers pathogènes assez fréquents en aquarium appartiennent au groupe dit des *Monogènes*. Les espèces les plus nocives sont celles appartenant aux genres *Gyrodactylus* (parasites de la peau, voir illustration en p. 177) et *Dactylogyrus* (parasites des branchies). En eau de mer, ces affections par monogènes portent parfois le nom impropre d'*Ichthyo noir*. Les traitements sont ceux indiqués au tableau des maladies, page 223.

LES CRUSTACES

Les lernées

Ces *Copépodes* parasites sont des cousins du *Cyclope*, qui sert de nourriture aux poissons d'eau douce.

Avec ces crustacés, on est à la limite séparant la maladie du parasitisme, non pas dans le sens biologique car la lernée (*Lerneae*), les Nématodes ou les Oodiniums sont tous des parasites, mais dans le sens du langage commun où les parasites visibles ne sont plus considérés comme des germes infectieux.

La lernée adulte est filiforme, elle mesure quelques 4 millimètres, prolongés par deux sacs d'œufs d'1 mm, qui lui donnent la forme d'un Y. Les sacs sont à l'arrière du corps, la tête étant fortement enfoncée dans la chair du poisson, sous une écaille.

La gravité de la maladie est fonction de l'ampleur déjà atteinte par l'infection, au moment de l'intervention. On est très désarmé, dans le cas d'un étang à carpes où chaque poisson d'une livre porte son millier de parasites. Il n'en est pas de même dans l'enceinte d'un aquarium où l'on s'aperçoit généralement très rapidement que des poissons ont quelques écailles soulevées et sanglantes.

C'est sous celles-ci que le parasite, bien dissimulé aux regards, attend sa maturation. Sitôt atteint le stade adulte, il est dénoncé par des sortes de rubans flottants dans l'eau, et qui ne sont rien d'autre que des filaments porteurs des sacs d'œufs dits sacs ovigères.

A ce niveau de développement, lorsque le bac ne comporte que peu de poissons atteints, avec un peu de patience et avec de l'adresse, on peut arracher méthodiquement le parasite à l'aide d'une pince à épiler. C'est fastidieux, mais nous avons ainsi sauvé des *Ophycéphalus*.

Si la maladie a plus d'ampleur, on tentera un traitement médicamenteux (voir le tableau des maladies, p. 224).

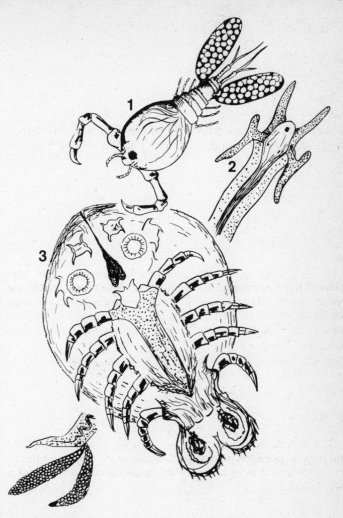

Crustacés
1 — Exemple de crustacé parasite interne
2 — Lerneae
3 — Argulus

L'argulus

De teinte blanchâtre, il apparaît comme un pou discoïde de quelques 2 ou 3 millimètres de diamètre, qui se fixe sur le flanc du poisson dont il suce le sang.

En aquarium, on a toujours affaire à des individus isolés dont l'action parasitaire est sans conséquence sérieuse. Lorsque l'on a «repéré» un de ces petits crustacés, il suffit de pêcher le poisson porteur et de le maintenir en bonne position dans l'épuisette pour pouvoir décoller le parasite à l'aide de l'ongle.

Les maladies de la nutrition

Les maladies ne sont pas obligatoirement provoquées par une cause externe, provoquant une infestation. Outre les cas de défaillance d'un organe, elles peuvent également résulter d'un mode de vie néfaste, notamment dans le domaine alimentaire.

En aquarium, les principales maladies de la nutrition sont :
— les carences en vitamines,
— l'obésité,
— les diarrhées,
— la constipation.

Les carences en vitamines

Les troubles dus aux avitaminoses sont souvent complexes et dépassent les moyens d'investigation des aquariophiles normalement équipés. Ils ne se traduisent pas par des mortalités massives mais par le mauvais état général de quelques poissons.

On peut les combattre en ajoutant de la levure à l'alimentation mais on doit surtout les éviter en procurant à ces poissons une nourriture variée composée d'aliments de qualité.

L'obésité

C'est une maladie fréquente des poissons d'aquarium. Elle résulte, comme chez l'homme, d'un manque d'exercice et d'une nourriture trop riche et trop abondante.

S'il est malaisé d'obliger un poisson à remuer, il est par contre facile de lui diminuer ses rations. Attention cependant à ce que cette intervention ne perturbe pas les relations entre les différents occupants du bac.

Le poisson trop gras a des organes internes déformés, il est en général inapte à la reproduction.

Les diarrhées

Elles résultent de troubles alimentaires. Les excréments sont sans consistance, glaireux ou graisseux pour ne pas dire huileux.

Les diarrhées, dont l'observation n'est pas toujours facile chez les petits poissons, sont presque toujours accompagnées d'un mauvais état général, d'obésité ou de boursouflement. Bien entendu, elles sont imputables au soigneur coupable de distribuer des aliments non adaptés aux besoins des espèces concernées.

Le remède consiste en un changement de régime afin d'aboutir à une nourriture équilibrée.

La constipation

Elle découle de désordres alimentaires. Les excréments sont durs ou absents, ce dont l'aquariophile ne s'aperçoit pas toujours. Cet état, assez exceptionnel chez les espèces exotiques dites d'eau chaude, est par contre relativement fréquent avec les carassins (*Carassius*) dits chinois ou japonais, au corps en forme d'œuf. Ces poissons sont prédisposés à la constipation par la grande longueur de leur intestin.

Cette particularité est propre aux poissons essentiellement **herbivores.** Il faut veiller à donner une nourriture équilibrée et partiellement végétale ainsi que des daphnies sèches. Ces dernières, très peu nutritives, car presqu'exclusivement composées de matière chitineuse, issue de leurs carapaces, ont l'avantage de faciliter le transit intestinal.

Les maladies aux germes difficilement identifiables

Ce sont les plus nombreuses, si nous voulons être pragmatiques, c'est-à-dire, si nous tenons compte : non pas des maladies dont l'agent infectieux n'est pas connu de la science, mais de celles dont l'agent n'est pratiquement pas identifiable par l'aquariophilie.

Ces maladies se manifestent par un ensemble de symptômes dont l'observation permet d'établir un diagnostic donc de donner un nom à la maladie. Mais, il faut bien comprendre que plusieurs agents peuvent déterminer les mêmes symptômes et donc que nommer la maladie, ce n'est pas l'avoir identifiée obligatoirement avec précision.

Prenons 2 exemples (le premier, chez l'homme) :
— *la dysenterie* est une maladie caractérisée par des diarrhées douloureuses et sanglantes, d'origine infectieuse ou parasitaire. Le remède ne peut donc pas être identique, selon qu'elle est bacillaire ou amibienne ;
— il en est de même pour notre second exemple, pris chez le poisson ; *la «mousse»* est une maladie provoquant l'apparition d'un duvet cotonneux. Or, celui-ci peut avoir pour cause, aussi bien des bactéries que des champignons.

La maladie des trous dans la tête des Cichlidés

Rien que l'énoncé du nom laisse rêver. Une telle dénomination est vraiment le reflet direct des symptômes observés par les aquariophiles.

Chez les *Discus* et les *Astronotus* notamment, cette maladie est très grave, le poisson est parfois emporté en quelques jours.

Le mal semble surtout sévir dans les bacs où l'eau est devenue de mauvaise qualité, par suite notamment de la stagnation de nourriture non consommée. Or, les *Discus* comme les *Astronotus* étant de gros mangeurs, ils sont souvent surnourris par leur soigneur qui craint de les voir manquer.

Les poissons préférentiellement touchés sont les sujets âgés et ceux qui sont psychiquement diminués, par un phénomène de domination par exemple.

Ces animaux affaiblis seraient alors probablement victimes de l'hexamite, espèce indéterminée d'un parasite unicellulaire de la classe des flagellés. Ce parasite, dont le nom scientifique est *Octomitus*, est détruit par un remède spécifique du commerce.

L'hydropisie

Le poisson atteint d'hydropisie est gonflé, ballonné, les écailles écartées du corps jusqu'à former un angle presque droit.

Cette maladie, connue depuis toujours, est considérée comme pas ou peu contagieuse. Certains pensent que ces affections sont, soit d'origine virale, soit causées par une bactérie du type *Pseudomonas*.

Les mauvaises conditions de l'aquarium sont certainement propices à l'apparition du symptôme, mais il faut reconnaître que des cas apparaissent dans des aquariums sains.

En pratique, les cas sont isolés et les sujets touchés, généralement âgés. C'est pourquoi si, après une semaine de soins, aucun résultat n'a été obtenu ; la sagesse commande de sacrifier les poissons atteints.

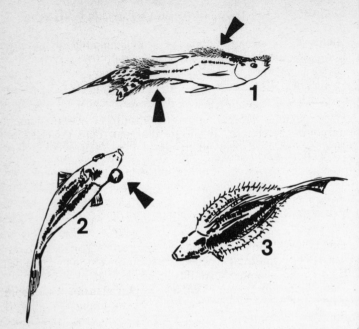

Maladies classiques généralement dues à une mauvaise hygiène de l'aquarium
1 — Mousse (Saprolégniose)
2 — Exophtalmie
3 — Hydropisie

L'exophtalmie

Maladie courante des yeux, elle n'atteint souvent qu'un seul œil. Celui-ci, gonflé et exorbité, semble sortir de la tête du poisson, comme dans le cas des poissons japonais télescopes.

L'exophtalmie peut être le résultat d'un choc : il n'est pas rare de voir un poisson poursuivi heurter un élément rugueux du décor, tel un madrépore ou certaines pierres.

Mais cette maladie est plus souvent le reflet de mauvaises conditions générales, comme le prouve le fait que l'Exophtalmie s'accompagne fréquemment de saprolégniose (voir p. 181 et 222).

Les traitements aux antibiotiques, cités dans le tableau, sont parfois efficaces, ne serait-ce qu'à titre préventif de la saprolégniose secondaire, que l'on peut également traiter au vert malachite.

Lorsque le poisson atteint est de forte taille et que l'œil est saillant au point qu'une poche gazeuse soit perceptible derrière le globe oculaire, on peut percer cette poche avec une grosse aiguille flambée et mettre ensuite et éventuellement un goutte de collyre, au nitrate d'argent, dans l'œil atteint. Nous avons personnellement ainsi obtenu des rémissions si longues qu'elles peuvent être assimilées à des guérisons.

Les hémorragies

Des plaques sanglantes apparaissent sur le corps des poissons. Ces symptômes peuvent conduire à des hécatombes foudroyantes comme se stabiliser.

Plusieurs causes sont possibles : la plus plausible est encore une fois l'action d'une bactérie *(Pseudomona aeromonas)* dont le développement est favorisé par un état de moindre résistance des poissons ; cette vulnérabilité résultant souvent d'une pollution relative de l'aquarium.

C'est ainsi que pour les poissons rouges, il suffit généralement de les faire passer de l'eau courante fraîche à l'eau stagnante d'un habitat plus chaud et d'un volume limité, pour que ces symptômes apparaissent. Ils sont désignés, à tort ou à raison, sous le nom de tuberculose du poisson rouge et exercent parfois des ravages considérables.

A une certaine période, nous savions qu'à l'Aquarium de Trouville, les poissons rouges, d'origine sauvage, étaient contaminés. Cependant, la bonne tenue de leur aquarium inhibait les effets désastreux de la maladie. Non seulement ils étaient actifs, en apparence parfaits, mais l'on ne constatait aucune mortalité. Cependant un observateur attentif et prévenu, pouvait, de temps à autre, découvrir une hémorragie très limitée, sur l'un ou l'autre des animaux.

Si ces poissons étaient placés expérimentalement dans un aquarium, non pas insalubre mais moins parfait, ils périssaient en l'espace d'une semaine, avec ou sans hémorragie visible. Et, si l'on mélangeait des carpillons à ces carassins, la mortalité frappait sélectivement les poissons rouges.

De telles observations laissent bien supposer la présence d'un agent pathogène bénéficiant de la pollution de l'eau. Cette maladie frappe les poissons d'eau douce comme ceux d'eau de mer.

Les blessures

Les blessures en elles-mêmes ne constituent pas une maladie. Quand le milieu est sain et que le poisson atteint l'est également, elles se guérissent seules et spontanément si elles sont superficielles. Lorsqu'elles sont profondes, il convient de les soigner pour éviter leur infection.

Les produits thérapeutiques

Les premiers remèdes à employer sont les spécialités achetées chez le détaillant d'aquariophilie. A l'énoncé des symptômes que vous lui décrirez, si le mal est curable, il doit être capable de vous conseiller un produit efficace.

De votre côté, vous devez savoir que, lorsque vous utilisez ces **produits vétérinaires du commerce**, vous devez autant que possible n'employer que ceux d'une même marque. Il sont sensés ne pas réagir entre eux d'une manière imprévisible.

Bien entendu, l'utilisation de ces spécialités implique une confiance totale en leur innocuité et une espérance en leur pouvoir curatif. Mais, on peut regretter que la formule exacte de ces médicaments ne soit que rarement portée sur l'emballage. Cela conduit à les utiliser en aveugle.

C'est relativement sans gravité lorsque l'on n'emploie qu'un seul produit, mais cela entraîne une ignorance totale des réactions biochimiques et biologiques possibles, au cas où l'on doive adjoindre un deuxième traitement.

C'est pourquoi, il est sage, si le remède utilisé n'est pas signalé comme étant biodégradable en un délai donné, de procéder à un large changement d'eau avant l'introduction du second produit.

Outre ces remèdes, prêts à l'emploi, certains aquariophiles expérimentés utilisent leurs propres médications, soit seules, soit en complément de celles du commerce, mais bien évidemment, cela sous entend qu'ils savent les utiliser et donc qu'ils ont en tête quelques notions bien précises.

La notion de dose

Un même produit peut être indispensable à faible dose, par

exemple, sous forme d'oligo-élément et dangereux à dose plus élevée. Dans la vie quotidienne, tout être vivant absorbe en permanence des toxiques qui ne l'affectent pas, parce que les quantités minimes ingérées sont facilement éliminées par son organisme.

Il faut être cependant attentif à la présence de matières dangereuses dans l'environnement.

Par exemple, un produit nocif, assimilé à faible dose, peut ne pas être éliminé et s'accumuler dans les graisses d'un animal, qui ne s'en porte apparemment pas plus mal. Si cet animal tombe malade et maigrit, c'est-à-dire, s'il brûle ses graisses pour stimuler son organisme déficient, il s'auto-intoxique brutalement en libérant, d'un seul coup, toutes les matières nuisibles accumulées dans ses réserves. Dans un tel cas, il peut mourir intoxiqué, alors même qu'il serait guéri de sa maladie.

Dans un ordre d'idées légèrement différent, mais toujours relativement à la notion de quantité, il faut observer que, en aquarium, on utilise volontairement le **cuivre** aux doses toxiques (nous verrons plus loin dans quelles conditions) afin de bénéficier de son effet curatif. Cela signifie que l'on part du principe que les germes des maladies que l'on combat sont plus sensibles à la toxicité du cuivre que les poissons que l'on traite : on tue les premiers alors que l'on ne fait qu'affaiblir les seconds.

Le procédé s'applique donc en utilisant des doses mortelles pour les parasites mais supportables, fut-ce avec peine, pour le poisson.

Lors d'une telle thérapeutique, il faut être très attentif à ne pas dépasser les quantités recommandées. Bien que la dose curative ne soit que $1/10^e$ de celle, éventuellement mortelle, pour le poisson, il n'est pas question de pouvoir la dépasser. Cette dose est déjà nocive ! Son augmentation conduirait inéluctablement à accroître dans des proportions considérables les risques d'accidents cardiaques chez les poissons.

Ce qui est valable pour le cuivre l'est également pour les autres produits très actifs.

La notion de poison

Un produit peut être nocif à très faible dose lorsque, en tant que catalyseur*, il interfère directement avec les transformations biochimiques indispensables à la survie de tout être vivant.

L'exemple le plus connu est celui du cyanure de potassium qui bloque radicalement la respiration (non pas au niveau de l'activité des muscles respiratoires, mais au niveau des réactions biochimiques de cette activité biologique).

Lorsqu'un produit thérapeutique quelconque est utilisé en aquarium, il n'est généralement jamais introduit seul à l'état pur. Il faut donc, éventuellement, avant de l'utiliser, se préoccuper de savoir si l'autre composant de la substance est inoffensif.

Il ne faut pas accorder une confiance aveugle dans tous les excipients qui peuvent accompagner un médicament dans sa préparation usuelle, si cette dernière n'a pas été prévue pour l'usage aquariophile.

Les excipients ou composants présentant les moindres risques sont :
— les *sulfates* ;
— les *sérums physiologiques* qui sont en fait de l'eau à la salinité de l'eau de mer ;
— les *alcools* : un poisson d'aquarium supporte en effet près de 1 millilitre d'alcool pour 10 litres d'eau, sans dommage... ni ivresse apparente.

La notion d'impureté

Un produit n'est pas toujours pur. Plus il a été purifié, plus il est cher, mais une impureté peut être un toxique ou un poison. Par exemple : dans le cas de certains défoliants à usage militaire, les impuretés font autant de ravages écologiques que le défoliant lui-même !
— *Un produit dit technique* n'est que relativement pur.
— *Un produit dit « pur »* ne contient, logiquement, qu'un très faible pourcentage d'impuretés. Il est correct pour l'usage aquariophile.

— Les produits, les mieux purifiés, sont dits : «*pour analyse*».

La notion d'utilisation

Chaque fois que l'on utilise un quelconque remède, il faut toujours respecter scrupuleusement les directives de prescription. On ne pense pas toujours à tout, le fabricant lui est censé y penser. Par exemple, certaines poudres anti-puces peuvent être utilisées à déparasiter les chiens et pas les chats. Cela semble paradoxal. Mais, il en est ainsi parce qu'elles sont constituées d'insecticides dangereux à absorber... et un chat se lèche plus qu'un chien.

De même, on a constaté qu'un produit peut être salutaire pour un poisson *Cichlidé* et mortel pour un poisson *Characidé* (cf. MS 77).

La notion de synonyme

Un produit chimique peut avoir à la fois un nom populaire et un nom scientifique, déroutant pour l'utilisateur. Par exemple, l'acide acétique et le vinaigre.[1]

En général, la matière première servant à la conception d'un médicament n'a pas ou n'a que peu de synonymes. Mais, il n'en va de même de toutes les spécialités obtenues à partir de ce produit de base.

Chaque laboratoire, en créant sa propre spécialité, invente un nom nouveau. C'est pourquoi, il n'est pas rare de voir des produits comparables, quant à la base de leur composition, être finalement mis à la disposition du public sous 5, voire 10 synonymes différents. Certains produits médicamenteux utilisables en aquariophilie n'échappent pas à ce phénomène.

---

[1]. Bien sûr, l'acide acétique est purifié alors que le vinaigre de vin contient, sous forme d'impuretés, les matières colorantes du vin.

La notion de solubilité

Comme, généralement, on ne fait pas absorber un médicament à un poisson d'aquarium, les remèdes doivent être solubles dans l'eau. C'est la première condition qui doit dicter notre choix. Il peut arriver cependant 2 cas exceptionnels où un produit insoluble puisse être utilisé en aquarium :
— lorsqu'il est soluble dans l'alcool et introduit sous forme de solution alcoolique missible à l'eau ;
— lorsque ses suspensions, c'est-à-dire le nuage de particules qu'il engendre dans l'eau, parviennent, en y adhérant, à se fixer sur les téguments* des poissons.

La pharmacie de l'aquariophile

LES ANTISEPTIQUES

Les antiseptiques sont des produits toxiques, particulièrement efficaces à l'encontre des germes microbiens. C'est pourquoi, ils s'utilisent usuellement pour désinfecter totalement des locaux, du matériel, etc.

Lorsque l'on est très attentif à la notion de dose et de pureté, ils peuvent être détournés de cet usage et employés comme remède : par exemple, *l'Eau de Dakin* est de l'Eau de Javel à usage médical. En médecine humaine, on l'utilise contre des affections microbiennes et localisées (panaris, etc.).

Les antiseptiques offrent, en outre, le double avantage de ne pas être soumis à ordonnance médicale et d'être, généralement, aisément disponibles. Il s'agit donc des produits courants et de première intervention que l'aquariophile doit conserver chez lui afin de parer au plus vite à toute éventualité.

C'est à ce titre que nous allons insister particulièrement sur leur utilisation, après avoir éliminé ceux qui ont été très usités dans le passé, mais dont l'usage est abandonné parce qu'ils sont dépassés comme, par exemple, le *sulfate de quinine*.

Nous ajouterons que ce n'est qu'après l'échec d'une thérapeutique faisant appel à ces produits, ou à l'usage des spécialités du commerce, puisque ces dernières les incluent dans leurs compositions, que l'on utilisera les remèdes plus sophistiqués que nous décrivons plus loin.

Le bleu de méthylène

Très controversé quant à son efficacité curative, il est par contre capable d'éviter la contagion. Son rôle, surtout préventif, le rend utile lors d'une mise en quarantaine de poissons suspects.

Il s'emploie en solution aqueuse à 5 pour cent. Des auteurs préconisent deux gouttes pour 10 l d'eau et certains donnent cette dose pour toxique après 24 heures. En nous fiant seulement à la coloration bleu foncé et en renforçant la dose sitôt édulcoration de la nuance, nous avons eu des échecs avec ce remède mais jamais d'accidents. Son emploi en bac de décoration provoque une coloration grise du sable et des pierres, ce qui est ennuyeux ; en outre la tolérance des plantes est médiocre.

Le mercurochrome

Désinfectant également apprécié pour plusieurs affections, il s'emploie, soit par attouchement sur les plaies et ulcères, soit en solution aqueuse à 2 pour cent. On utilise jusqu'à un maximum de 10 gouttes pour 10 l. La coloration donnée à l'eau (jaune-vert) est tenace et nécessite pour disparaître des siphonnages successifs. La tolérance des plantes est très bonne.

Le permanganate de potassium

Le permanganate de potassium donne des résultats remarquables dans tous les cas tributaires de cette médication. C'est le seul remède simple qui continue à rivaliser victorieusement avec les spécialités dans les cas de gyrodactylite.

Nous déconseillons les bains longs avec ce produit car, d'une part, il est rapidement toxique, et d'autre part, il précipite et perd son efficacité presque aussi rapidement ; on ne sait jamais où l'on en est.

Nous préconisons la méthode suivante dont nous garantissons l'efficacité. Dans une bouteille graduée de 250 cm³, faites dissoudre 1 g de permanganate : utilisez 40 g ou millilitres de cette solution pour 10 l d'eau. Placez-y les poissons, une demi-heure montre en main, sauf les *gouramys* qui ne supportent pas ce traitement et les *japonais* qui ne doivent être laissés que 20 minutes. Remettez les poissons dans leur bac et, si c'est nécessaire, renouvelez le bain après 48 heures. A cette dose et pendant cette durée, les plantes tolèrent très bien le traitement.

La solution ci-dessus (1 g pour 250 cm³ d'eau) peut être employée également telle quelle, sans dilution, pour l'attouchement des plaies et ulcères. (Attention aux taches lors des manipulations, celles-ci sont très rebelles sur les doigts et le linge ; on les enlève au bisulfite de soude).

Le chlorure de sodium

Toujours efficace contre certains parasites externes. On peut donc utiliser le sel à défaut d'un produit plus approprié.

Ce remède simple, aussi vieux que l'aquariophilie elle-même, s'emploie ainsi : on verse d'abord du gros sel de mer, qui va fondre lentement, jusqu'à concurrence de 5 grammes par litre puis, toutes les deux heures, on ajoute une faible dose jusqu'à atteindre le maximum de 10 grammes par litre.

La guérison obtenue, avant de replacer le sujet en eau normale, il faut diminuer la concentration progressivement, c'est-à-dire : enlever 1/3 de l'eau pour passer de 10 g/l à 6,6 g/l, puis 50 % pour descendre à 3,3 g, puis encore 50 % pour descendre à 1,6 g. Le tout échelonné sur plusieurs heures. Attention! le chlorure de sodium n'est pas supporté par les plantes.

Le vert malachite

La malachite est un minerai de cuivre, mais le vert malachite est la désignation d'une couleur comme le rouge cerise ou le jaune citron. On doit donc dire le vert malachite et non le vert de malachite, terme qui a, par le passé, introduit une énorme confusion dans l'aquariophilie en laissant supposer que le «vert de malachite» était une forme de cuivre et donc que le «vert malachite» n'apportait pratiquement rien de plus que le sulfate de cuivre.

Le vert malachite est un oxolate cristallisé (oxalate de tétraaméthyldiaminotriphénylcarbinol). Avec un nom pareil, on comprend qu'il soit plus facile de l'appeler communément malachite. Il s'agit d'un produit organique.

Ce produit constitue un excellent fongicide et, c'est à ce titre qu'on l'utilise en aquariophilie, d'autant qu'il est bien supporté par les poissons et les plantes aux doses usuelles. Il représente le remède universel contre les champignons, au même titre que le cuivre contre les protozoaires ciliés et les phytoflagellés.

Attention : Le vert malachite est un colorant extrêmement actif et tenace, il tache les doigts et définitivement les vêtements. Un peu de poussière du produit, cristallisé sur les doigts, suffit, avec la sueur, pour que l'on tache tout ce que l'on touche.

Le vert malachite s'emploie en solution préparée sur la base de 1 milligramme pour 10 litres d'eau à traiter. La dite solution doit être utilisée immédiatement après sa préparation.

La dose indiquée peut être légèrement dépassée, le produit étant peu toxique. Toutefois, il ne faut jamais verser directement dans l'aquarium 1 ou 2 cristaux prélevés sur la pointe d'un couteau. Cette pratique empirique et imprécise étant d'autant plus dangereuse que les poissons, habitués à recevoir des nourritures sèches, risquent de venir gober le cristal qui a tendance à flotter.

Le cuivre : formes et procédés d'utilisation

L'utilisation médicale du cuivre en eau de mer tropicale représente la meilleure et la pire des choses, car elle est à la fois très efficace et très dangereuse. Mais, quels que puissent être ses inconvénients, elle se révèle souvent indispensable, car elle constitue pratiquement le meilleur remède contre les phytoflagellés du type Oodinium ou assimilés comme tels.

En fait, deux cas sont à envisager :
— celui de l'acclimatation dans un bac de quarantaine de poissons nouvellement acquis. Nous traiterons ce sujet ultérieurement ;
— celui de sujets déjà bien accoutumés à la captivité et qui souffrent d'oodinioses dans un bac ancien.

Si le poisson adapté est victime d'une contamination de ce type, c'est généralement grave et il faut le soigner *dans son aquarium*. D'une part, parce que tous ses compagnons deviennent suspects et d'autre part, parce qu'un transfert d'aquarium lui est souvent fatal.

C'est pour cette raison que, dans les bacs coralliens, l'on sépare généralement les poissons des invertébrés, l'usage du cuivre étant mortel pour ces derniers.

En d'autres termes, dans un bac comportant à la fois des poissons et des invertébrés, on ne dispose plus de la possibilité d'user du remède le plus commode et le plus efficace contre l'oodiniose ? Il faut alors savoir traiter ses pensionnaires, rien qu'en utilisant des antibiotiques, ou beaucoup mieux, en évitant les causes des maladies.

Avant de songer à soigner des poissons malades, ce qui est toujours une aventure incertaine, il est habile d'éviter l'apparition de la maladie. Comme chacun sait, *«prévenir c'est guérir»*.

On parvient, le plus souvent, à **prévenir la maladie** par deux moyens :

— d'abord et essentiellement par le respect de toutes les règles expliquées au cours des précédents chapitres ;

— ensuite et éventuellement, par l'utilisation de plaques de cuivre, à titre préventif.

Le cuivre préventif

La méthode des plaques de cuivre consiste tout simplement à laisser une plaque de ce métal tremper dans l'eau de l'aquarium. Les quantités, qui se dissolvent, sont infinitésimales, mais généralement suffisantes pour prévenir les manifestations bénignes des maladies classiques, qui, sans cette précaution, peuvent devenir graves.

En procédant d'une telle manière empirique, on n'a évidemment aucune idée des quantités réelles de cuivre introduites dans le bac. On suppose qu'elles sont proportionnelles aux surfaces des plaques, par rapport à la capacité de l'aquarium. Par expérience, on peut estimer à 10 cm^2 de plaque soit recto verso 20 cm^2 de surface de contact cuivre/eau, ce que l'on peut, sans danger apparent, laisser en permanence dans 100 litres d'eau.

Si nécessaire, on peut accélérer la solubilisation naturelle du cuivre en utilisant deux plaques au lieu d'une pour une surface semblable. En les plaçant à 2 angles opposés de l'aquarium, il se crée alors des phénomènes d'électrolyse divers (l'eau de mer est un bon électrolyte). On favorise ainsi la dispersion du cuivre mais en aveugle, et sans savoir dans quelle proportion.

Sur le plan pratique, signalons que si l'on éprouve des difficultés à se procurer des plaques de cuivre, on peut utiliser la même surface d'un tuyau d'alliage de cuivre de 10 mm de diamètre, vendu à usage de plomberie.

Un rapide calcul permet de couper exactement la longueur correspondant à la surface que l'on désire. Il ne faut pas oublier de soigneusement limer le morceau de tuyau après sciage, afin d'éliminer les limailles qui, introduites accidentellement dans l'aquarium, ne sont plus contrôlables. Après lavage, le morceau de tube est enfilé sur le tuyau d'aération du diffuseur. Cela permet un repêchage facile et assure un bon brassage de l'eau autour du métal.

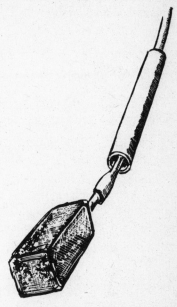

Comment placer un tube de cuivre sur le tuyau d'alimentation du diffuseur.

La méthode des plaques ou du tuyau de cuivre est excellente pour faciliter l'acclimatation à l'eau douce de certains poissons d'eau saumâtre tels les Scatophagus..

En contrepartie de la bénéfique action préventive contre les maladies, la présence de cuivre, au-delà d'une dose infinitésimale, présente des inconvénients. Non seulement, il est impossible d'élever des invertébrés dans le bac, mais encore, ce cuivre en solution peut gêner le développement des bactéries nitrifiantes, sans lesquelles l'équilibre de l'aquarium ne peut pas être atteint. Il faut donc absolument respecter les surfaces que nous avons indiquées.

En pratique, puisqu'il faut bien définir un témoin indicateur, disons qu'il ne faut jamais laisser en permanence des plaques de cuivre en quantité telle qu'elles puissent gêner la croissance des algues qui poussent spontanément sur le décor d'un aquarium.

Le cuivre en solution

La seconde utilisation du cuivre consiste en l'introduction d'une solution de cuivre directement dans l'eau de l'aquarium.

C'est une méthode beaucoup plus brutale que la précédente. On l'utilise dans le cas d'oodinioses caractérisées, l'*Oodinium* étant un germe qui, une fois déclaré, ne pardonne pas. Il faut, par conséquent, savoir reconnaître le moment d'intervenir et le faire alors, aussi rapidement que fermement.

On préconise généralement l'usage de 10 millilitres pour 100 litres d'eau à traiter d'une solution à 16 grammes par litre de sulfate de cuivre ($Cu SO_4 5H_2O$).

Comme nous l'avons déjà vu, cette dose est très proche de celle qui peut être mortelle, à la fois pour les poissons et pour le milieu de l'aquarium.

Il y a donc un danger certain à la dépasser. Mais, comme par ailleurs des expériences menées, tant à l'Aquarium de Trouville qu'à celui de Monaco, nous ont montré que l'*Oodinium* est un organisme résistant et qu'il y a un risque d'inefficacité certain à rester en-deçà des doses recommandées, la conclusion s'impose d'elle-même.

● Lors de l'utilisation du sulfate de cuivre à titre curatif, l'aquariophile doit apporter de la rigueur dans la précision de ses gestes. Les **doses préconisées** doivent être impérativement respectées.

Le fabricant sérieux d'un produit commercial connu, préconise d'introduire 10 millilitres de solution pour 100 litres d'eau le premier jour, et 6 millilitres le jour suivant. C'est un mode opératoire efficace, encore qu'il puisse se révéler insuffisant. En effet, d'après Gottfried Schubert — l'un des rares scientifiques curieux à avoir suivi l'évolution du cuivre dans un aquarium avec des moyens d'investigation puissants —, il apparaît que le cuivre est inactivé extrêmement vite dans l'eau neuve (certaines doses en moins d'une demi-heure), alors qu'il reste efficace des mois dans une eau usée.

Autant dire que, dans une vieille eau, on ne sait plus quoi faire. Parce que l'on ne sait plus dans quelle mesure, sans doute à cause d'un pH plus bas, le cuivre disparaît ou pas!

● En bref, non seulement une vieille eau favorise les maladies par l'accumulation d'une foule de substances solubilisées imprécisées, mais encore elle gêne l'efficacité des traitements, ou plutôt la précision de l'intervention.

Il n'y a qu'une conclusion à en tirer, qui rejoint celle des chapitres précédents : le mauvais aquariophile, qui n'a pas procédé aux **changements d'eau** en temps utiles, est puni! Il est contraint à un changement d'eau, en catastrophe, avant de traiter, ce qui impose un délai pouvant être générateur de pertes.

En opposition, le bon aquariophile qui soigne des poissons vivant dans une eau raisonnablement neuve sait que le cuivre qu'il introduit dans son aquarium disparaît progressivement.

En conséquence, si manifestement la maladie n'est pas jugulée, il doit chaque 48 heures ajouter une demi-dose afin de maintenir la concentration au niveau curatif. Lequel niveau peut être vérifié à l'aide d'un testeur.

● Ces constatations faites, deux points restent à préciser.

— Les troubles engendrés par le cuivre au niveau de la physiologie du poisson sont cardiaques et respiratoires. Pour en limiter l'effet, *il faut augmenter la diffusion de l'air* dans l'aquarium pendant la durée du traitement;

— Le cuivre en solution, comme nous le verrons en détail plus loin, est éliminé par l'écumeur. Il faut donc *arrêter le fonctionnement dudit écumeur* en cas de traitement au cuivre.

L'élimination du cuivre

● **Dans l'eau neuve**, nous l'avons vu, page 205, le cuivre est plus ou moins spontanément inactivé (sauf peut-être dans le cadre inhabituel d'un bac nu). Cela signifie, non pas qu'il disparaît mystérieusement, mais qu'il est pris dans une réaction chimique : soit qu'il reste solubilisé mais bloqué au sein d'une molécule non toxique, soit qu'il se trouve précipité.

● **Dans l'eau vieille**, par contre, la disparition du cuivre est très lente. Probablement parce qu'une eau ancienne est carencée en molécules actives, capables d'entrer en réaction avec le cuivre.

Pour l'éliminer, il faut avoir recours à l'écumeur. La mousse produite par cet appareil, est une solution de substances de haut poids moléculaire* dont des chélateurs*. Ces derniers vont bien sûr piéger les atomes métalliques libres et actifs . Par conséquent les atomes de cuivre.

C'est ainsi que par l'écumage de son eau, on peut obtenir un aquarium sans cuivre, après 15 jours ou 3 semaines. Le contrôle de cette disparition s'effectue avec les testeurs du commerce.

Le bac mixte poissons-invertébrés

C'est grâce à cette propriété précitée de l'écumeur qu'il est possible de réaliser des bacs mixtes, en suivant la procédure exposée ci-après.

○ *Première phase :* préparation générale de l'aquarium sur les bases que nous avons précédemment indiquées.

○ *Deuxième phase :* après le délai nécessaire à l'accomplissement du cycle de l'azote (ammoniaque, nitrites) introduction et adaptation des poissons avec utilisation de cuivre, sans écumeur.

○ *Troisième phase :* après une quinzaine de jours, élimination du cuivre grâce à l'action de l'écumeur. Pendant cette période, on continue à observer attentivement les réactions des poissons.

○ *Quatrième phase :* après un mois, introduction des invertébrés. Préalablement, ces invertébrés ont, si possible, été isolés pendant au moins 15 jours dans un petit aquarium. Celui-ci servira ensuite de bac de quarantaine, destiné à recevoir tout nouveau sujet à acclimater.

Si les poissons montrent des signes supects durant la 3ᵉ phase, on les traite au cuivre et l'on recommence depuis la 2ᵉ phase. La perte de temps, qui en résulte, est moins grave que les ennuis qui auraient pu survenir ultérieurement.

Utilisation du cuivre en quarantaine

Traditionnellement, l'adaptation du poisson aux eaux de l'aquarium était le rôle du fournisseur. Malheureusement, les pressions économiques et fiscales font que trop souvent ce n'est plus toujours le cas et l'on ignore alors si le poissson d'eau de mer est vendu au détail, acclimaté ou non.

Il est donc nécessaire de savoir procéder soi-même à l'adaptation d'un animal intéressant, car si l'on attend trop longtemps qu'il s'acclimate en magasin, on prend le risque de se le faire «souffler» par un autre aquariophile plus compétent, plus impatient... ou plus inconscient.

Le poisson adapté depuis des mois risque peu les maladies à flagellés. Il semble qu'il acquiert, en captivité, une certaine vaccination contre ces organismes normalement absents de son milieu naturel.

Ce n'est pas du tout le cas du poisson nouvellement importé qui, d'une part est affaibli et qui, d'autre part quelles que soient les précautions prises, a obligatoirement côtoyé des poissons malades dans les différents centres de stockage.

● On doit donc placer ce poisson en quarantaine, ce qui implique immédiatement la disponibilité d'un aquarium réservé à cet usage, lequel n'a besoin d'être ni gigantesque ni décoré comme un bac d'exposition. Cependant, afin d'offrir les meilleurs possiblités d'adaptation, il doit être **suffisamment équipé,** c'est-à-dire :

— offrir des refuges aux poissons ;
— être parfaitement propre ;
— donner aux bactéries nitrifiantes la possibilité de se déve-lopper, soit dans le sol, soit dans un filtre extérieur ou mieux dans une combinaison des deux. En effet, un accident classi-que est celui qui survient si l'on essaie d'acclimater, en eau neuve, des poissons dans un bac sans sol : le premier poisson introduit s'adapte généralement bien mais le suivant périt, alors que l'aquarium meurtrier est, en apparence, parfait ! Le premier avait souillé le bac et la nitrification ne s'était pas accomplie, faute de délai ou de matériau approprié aux besoins des bactéries.

● **La meilleure procédure** consiste à introduire le poisson à acclimater, dans le bac de quarantaine, en présence de deux plaques de cuivre. Puis éventuellement à ajouter à celles-ci, une dose légère de cuivre en solution, de l'ordre du quart de la dose curative.

Il suffit ensuite de maintenir une rigoureuse observation du sujet, de telle sorte qu'à la moindre manifestation suspecte sur l'animal, on puisse appliquer immédiatement les doses curatives usuelles.

● Le problème est de savoir, lorsque le poisson semble adapté, à quel moment il faut **rompre sa quarantaine**, les données de la littérature oscillant entre 15 jours et 6 mois.

Sachant que le cycle complet de l'Oodinium se boucle en un délai d'une quinzaine de jours, il est absolument exclu de libérer le poisson avant qu'il n'ait eu le temps de s'auto-réinfecter, c'est-à-dire avant trois semaines à un mois. Par ailleurs, il faut également tenir compte que, si le poisson véhicule des germes latents en dormance, l'éveil de ceux-ci n'est plus une question de délai.

Compte tenu de ces différents éléments d'appréciation, logiquement, une quarantaine supérieure à 2 mois n'a plus de raison d'être, si elle s'est déroulée sans aucune manifestation suspecte.

● Quant au bac d'adaptation libéré par son ou ses occupants, il n'est pas prudent de le **réutiliser** immédiatement. Il est préférable :

— soit de procéder à une désinfection totale, remise en eau neuve, etc.

— soit d'attendre trois semaines pour être, non pas certain (parce que la certitude n'est pas du domaine biologique) mais légitimement assuré qu'au moins les formes libres de l'Oodinium n'ont pas pu y survivre.

En ce cas, et durant cette attente, il faut que le fonctionnement bactériologique de l'aquarium ne soit pas interrompu, donc que tout continue à fonctionner normalement.

C'est durant cette période que l'on va éliminer le cuivre, selon la méthode décrite précédemment (voir p. 206), afin de reprendre éventuellement des traitements curatifs au point zéro.

Mais, avant toute réintroduction de poissons en ce bac, il faudra obligatoirement vérifier le taux des nitrites et de l'ammoniaque en solution.

LES PRODUITS PHARMACEUTIQUES

● **Les produits dérivés de la médecine humaine**

Aux affections les plus classiques des poissons, correspondent souvent des affections humaines très semblables parce que provoquées par des germes similaires.

La pathologie humaine est bien sûr mieux connue que celle des poissons d'aquarium : d'une part, parce que dans la première, il s'agit de la pathologie d'une seule espèce animale et non de celle de centaines d'espèces aux réactions dissemblables. D'autre part et surtout, parce que la santé humaine, c'est légitime, nous a, de toute éternité, toujours beaucoup plus préoccupée que celle des poissons! La médecine humaine est donc, naturellement, beaucoup plus avancée que celle de l'aquarium qui se cherche et qui balbutie encore.

L'idée de détourner des médicaments à usage humain pour les utiliser en aquariophilie est sous-jacente à ces remarques. On peut parfois trouver un remède bien au point et efficace, à l'encontre des germes que nous avons à combattre au sein de l'aquarium.

Cette démarche présente cependant des difficultés :

— d'abord, tout le monde n'est pas pharmacologue et l'on se perd facilement dans le dédale des multiples marques de spécialités pharmaceutiques ;

— ensuite, lorsqu'on a découvert le remède idéal, il est souvent soumis à ordonnance, ce qui crée un problème éventuellement au moment de l'acquérir ;

— enfin, lorsque l'on s'est procuré le produit, on constate trop souvent qu'il contient un enrobage ou des excipients dangereux ou inconnus ou encore qu'il se présente sous une forme inadaptée à l'usage auquel on le destine, ce qui n'a rien de surprenant, compte tenu que les médicaments, à destination humaine, ne sont pas faits pour être utilisés sous forme de dilution dans une baignoire !

Nous n'allons donc citer que quelques produits à l'action très spécifique et qui se sont révélés non toxiques aux doses

Différence de comportement général entre un poisson sain (en bas) **et un poisson malade** (en haut).

que nous indiquons, dans les conditions où nous les avons expérimentés. Mais, comme ces conditions (espèces de poissons concernés, nature de l'eau, hygiène du bac), ne peuvent pas être identiques dans des circonstances et des lieux différents, on ne peut pas conclure à une obligatoire similitude des résultats.

Cela signifie, en termes clairs, qu'en aucun cas, ces produits, dont la liste ne fera probablement que s'allonger d'année en année, ne sont une panacée universelle. Et l'on ne peut garantir, ni leur efficacité ni leur innocuité. Alors, dans ces conditions, pourquoi les citons-nous? Simplement parce qu'à ce jour, ils représentent les armes les plus puissantes dont nous disposons, lorsque les remèdes précédemment cités se sont révélés inopérants.

● La **nystatine**, commercialisée sous le nom de *Mycostatine*, est un antibiotique antifongique, dénué de toute action antibactérienne. Elle est efficace en aquarium bien que théoriquement insoluble.

On l'utilise sous la forme de comprimés gynécologiques, qui sont dosés à 100.000 unités; la dose employée étant de 1 à 2 comprimés pour 100 litres, selon les poissons à traiter et la virulence de la maladie.

La toxicité est faible, aussi peut-on renouveler jusqu'à 3 fois le traitement, à intervalles de 48 heures. On considère qu'il y a, en 4 jours, une biodégradation qui rend facultatif un changement d'eau. Ce médicament s'adresse à l'eau douce comme à l'eau de mer.

● Le **miconazole** commercialisé sous le nom de *Daktarin*, combat à la fois les affections causées par des bactéries et celles provoquées par des parasites comme les protozoaires du groupe des ciliés, responsables de l'*Ichthyophthirius*, dite maladie des points blancs.

Malheureusement, son usage se limite aux gros poissons d'eau douce, notamment les *Cichlidés*, et surtout aux poissons de mer, car il présente 2 inconvénients majeurs:
— celui d'être mortel pour certaines familles de poissons d'eau douce, notamment les *Characidés*;
— celui d'être inutilisable en milieu neutre ou acide, car dans

ces conditions, il précipite.

Au contraire, en milieu alcalin, comme l'eau de mer, la forme lotion offre une excellente diffusion en micro-particules, qui se fixent sur le mucus cutané des poissons. Elle est vendue en flacons de 30 millilitres, permettant de traiter de 100 à 200 litres d'eau d'aquarium, selon la taille des sujets et la virulence de la maladie. Avec prudence, on peut renouveler la dose 1 fois dans les cas sévères.

La dégradation a lieu en 4 jours, un changement d'eau n'est pas indispensable.

● Le **métronidazole**, commercialisé sous le nom de *Flagyl*, s'emploie au lieu et place du remède ci-dessus pour les poissons d'eau douce de petite taille. Jusqu'à la dose que nous avons utilisée et même renouvelée de 1 gramme pour 100 litres, soit 4 comprimés dosés à 250 milligrammes, nous n'avons constaté aucune toxicité.

La dégradation semble s'effectuer également en 4 jours. Un changement d'eau n'apparaît donc pas indispensable.

> *On ne doit renouveler une dose que :*
> *1° — si l'on n'a constaté aucune toxicité. C'est-à-dire une parfaite tolérance du poisson au traitement imposé;*
> *2° — si l'on est certain que le produit est bien celui qui convient. C'est-à-dire si l'on a obtenu une incontestable amélioration, sans avoir pour autant acquis une guérison.*

● Le **nifurpirinol**, associé à du vert malachite et commercialisé dans le *Furanace-P* est le seul remède de cette catégorie qui soit disponible exclusivement dans le commerce aquariophile.

Les sachets sont de 500 milligrammes, destinés à traiter 50 litres d'eau. Le produit est réputé rester actif pendant environ 4 jours. Un changement d'eau, après traitement, ne paraît pas nécessaire.

● **Nimérazole, nystatine** et **tétracycline** sont associés dans le médicament commercialisé sous le nom de *Vénugyl*. Il résulte de cette addition antibactérienne et antifongique, une double action qui fait, de ce médicament, le remède à choisir lorsque l'on se trouve devant un symptôme, ne permettant pas de déterminer, à coup sûr, si le mal est provoqué par des bactéries ou des champignons.

On utilise 1 comprimé gynécologique pour 100 litres. Le traitement renouvelé chaque 24 heures, pendant 4 jours, n'a paru présenter aucune toxicité sur les sujets traités. Nous préconisons, en fin de cure, un changement d'eau de 50 %, une étroite surveillance du taux de nitrites, éventuellement un réensemencement en bactéries nitrifiantes.

● Le **flubendazole**, commercialisé sous le nom de *Fluvermal* est spécifique des maladies à helminthes, c'est-à-dire causées par des vers parasites. Il s'emploie dans un bac-hôpital.

La dose est de 1 comprimé à 100 milligrammes pour 10 litres d'eau, la durée du bain de 3 jours. Si la cure semble bien tolérée, mais que certains signes de démangeaisons subsistent, on peut renouveler une fois le traitement.

● La **gentamicine**, commercialisée en ampoules de 10, 40 et 80 milligrammes, sous le nom de *Gentalline*, est un antibiotique du groupe des *Aminosides*, efficace mais coûteux.

Lorsque vous effectuez un traitement, n'oubliez pas que :
— pour assurer une meilleure répartition du remède et aider le poisson à le supporter, il convient de renforcer l'alimentation du diffuseur;
— par contre, il est indispensable de stopper l'écumage, s'il s'agit d'un traitement au cuivre et, dans tous les cas, de stopper le filtrage pendant toute la durée d'un traitement. Ceci afin que les matériaux filtrants, même s'il s'agit de sable, n'absorbent pas une partie non-contrôlable du médicament.

La cure achevée, si le produit employé n'est pas signalé comme se dégradant, au point de disparaître, on siphonne de 20 à 50 % de l'eau pour la remplacer par de la neuve. Puis, l'on remet le filtre en fonctionnement... après l'avoir nettoyé, s'il comporte des matériaux filtrants qui sont restés enfermés dans l'eau stagnante du réceptacle.

On l'utilise à la dose moyenne de 120 milligrammes pour 100 litres. Il faut généralement renouveler la dose pendant 4 jours, après avoir constaté, bien entendu, la non-toxicité vis-à-vis de l'espèce traitée. On a le plus grand intérêt, pour limiter la dépense, à utiliser un bac de faible volume.

Toute la flore bactérienne étant irrémédiablement détruite, un réensemencement en bactéries nitrifiantes est indispensable.

● Parmi les autres antibiotiques utilisables, avec les précautions d'usage, dans les cas rebelles, citons :

— le **chloramphénicol**, commercialisé sous le nom de *Tifomycine*. Cet antibactérien s'utilise à la dose de 1 gramme pour 100 litres ;

— la **minocycline,** commercialisée sous le nom de *Mynocine*. Cet antibactérien puissant s'utilise à la dose d'1 gélule de 100 milligrammes pour 100 litres ;

— la **rifampicine**, commercialisée sous le nom de *Rifadine* est un antibiotique majeur à large spectre, destiné aux mycobactéries et aux bacilles. On ne peut l'utiliser que pour des poissons coûteux — car le médicament est cher — et sur des sujets d'au moins 4 cm — à cause du mode d'administration.

En effet, l'emploi en bains est impossible : il faut le faire ingérer, en mélangeant le contenu d'une gélule aux aliments (par exemple, des vers de vase ou de la moule, que l'on laisse bien s'imprégner de poudre avant de les distribuer, congelés ou frais). C'est dire que le dosage est empirique. Il convient en outre de traiter dans un bac-hôpital car l'eau se colore en rouge.

● Le **triméthoprime**, inclus avec le **sulfaméthoxazol**, dans le produit, commercialisé sous le nom de *Bactrim* ou d'*Eusaprim*, appartient au groupe des sulfamides. On l'utilise dans les cas rebelles de maladies bactériennes cutanées et dans les fongus sévères.

Il existe des comprimés pour adultes et d'autres pour enfants, dosés au quart, fort utiles pour les bacs de petit volume. On emploie de 1 à 2 comprimés pour adultes, à raison de 100 litres d'eau et donc de 1 à 2 comprimés pour enfants, à raison de 25 litres. La dose peut être renouvelée. si

> *Souvenez-vous de l'observation concluant le chapitre des «influences respectives des aquariums d'eau douce et d'eau de mer».*
>
> *Pour diminuer la virulence des parasites d'eau de mer, vous pouvez accompagner le traitement d'une baisse de densité, jusqu'à 1015. Vous la remonterez progressivement, sitôt la guérison intervenue.*
>
> *A l'inverse, pensez également que vous pouvez souvent aider la guérison de poissons d'eau douce atteints, notamment de : Costia, Gyrodactylose, Lernées et de certaines maladies bactériennes en effectuant le traitement prescrit dans une eau contenant jusqu'à 10 grammes de sel par litre. Mais, vous devez respecter les modalités indiquées pour l'utilisation du chlorure de sodium, (page 199).*

aucune toxicité n'a été constatée vis-à-vis de l'espèce traitée. Chose curieuse, on a quelquefois signalé une coloration rougeoyante provisoire de l'eau.

Dans le cas où le traitement ne serait pas effectué dans un bac-hôpital à part, il faudrait réensemencer l'aquarium en bactéries nitrifiantes, sous peine de montée de nitrites, car ce médicament détruit toutes les bactéries.

● Enfin, une autre formule de sulfamides eut être employée pour l'usage aquariophile : le **triméthoprime** associé au **sulfamoxole** dans le produit commercialisé sous le nom de *Supristol*.

Ce remède s'utilise aux mêmes doses et dans des conditions identiques à celles décrites ci-dessus pour le médicament précédent.

> *Si malgré vos efforts, vous n'avez pas pu sauver un poisson et qu'il ne vous reste plus que la thérapeutique de l'épuisette!... Supposez toujours que la victime peut être porteuse de germes. Elle doit donc aboutir dans la poubelle et non dans les W.C.*

Tableau des thérapeutiques applicables aux maladies

   * Signifie que la maladie ou le traitement concerne exclusivement ou essentiellement l'aquarium d'eau douce.

  ** Signifie que la maladie ou le traitement concerne exclusivement ou essentiellement l'aquarium d'eau de mer.

*** Signifie que la maladie est plus ou moins commune aux aquariums d'eau douce et d'eau de mer.

Les remèdes ne comportent d'astérisques que si la précision s'impose.

Le chiffre entre parenthèses, qui suit le nom du remède indiqué, permet le report à la page où est détaillé le remède.

Maladies à virus*** (p. 169)

MALADIES	TRAITEMENTS

Lymphocystose*

Symptômes :
— ventre creux,
— corps sanguinolant.
— nodosités blanchâtres en forme de grappes sur le corps.

Pas de remède connu.
Isoler le poisson.
Tenter les *sulfamides* (214). Essayer un antibiotique du groupe des *aminosides* telles la *gentamicine* (213) ou la *minocycline* (214).

Exophtalmie***

Symptôme :
— œil gonflé saillant, à l'extérieur de son orbite.

Pas de remède évident.
Après isolement, si l'on pense qu'il s'agit d'un virus, et que le sujet soit de prix, on ne peut qu'essayer un antibiotique du groupe des *aminosides* telle la *gentamicine* (213).

(Voir également *exophtalmie infectieuse*, 219, et *fongique*, 222).

Maladies bactériennes*** (p. 171)

MALADIES	TRAITEMENTS
Pourriture des nageoires*	
Symptôme : — détérioration de l'aspect des nageoires, qui peuvent soit s'effilocher, soit devenir blanchâtres dans un premier temps, puis se ronger au point de disparaître : perte de la caudale, par exemple. 　Cette nécrose, si elle est négligée, évolue vers sa forme aiguë : la **furonculose.**	Maladie contagieuse et tenace, sévissant surtout sur les sujets nouvellement importés. Remèdes du commerce. *Miconazole*** (211). *Triméthoprime* (214). *Nimérazole + Nystatine + Tétracycline* (212). *Sulfamides* (214). (Voir également *Pourriture des nageoires* ci-après dans les *maladies causées par des champignons,* 222).
Tuberculose des poissons*	
Symptômes : — mortalités suspectes après de lents amaigrissements progressifs. — nécroses des organes internes.	Pas de remède connu. **Isoler les poissons suspects** Tenter la *Rifampicine* (214) qui représente le seul traitement spécifique.
Hémorragies infectieuses*	
Symptôme : — taches sanglantes internes ou plaies sanguinolantes d'aspect ulcéreux.	Remèdes du commerce. *Antibiotiques* (214). *Triméthoprime* (214). *Miconazole*** (211). *Métronidazole** (212).
Columnariose*	
Symptômes : — lèvres cotonneuses, — nécroses sanglantes du corps comme dans l'hémorragie	Remèdes du commerce. *Antibiotiques* (214). *Triméthoprime* (214). *Métronidazole** (212).

MALADIES	TRAITEMENTS
infectieuse ci-dessus mais ulcérations bordées de filaments blancs, — nageoires effrangées, — taches blanchâtres.	*Nimérazole + Nystatine + Tétracycline** (212).

Septicémie***

Symptôme : — néant! Mortalités suspectes, sans signe extérieur décelable.	Remèdes du commerce. *Antibiotiques* (214). *Triméthoprime* (214). En cas d'échec, tenter les *Sulfamides* (214).

Exophtalmie infectieuse***

Symptôme : — œil exorbité.	Remèdes du commerce. *Miconazole*** (211). *Métronidazole** (212) *Nimérazole + Nystatine + Tétracycline** (212). *Sulfamides* (214). (Voir également *Exophtalmie virale*, 217, et *fongique*, 222)

Hydropisie infectieuse*

Symptômes : — corps gonflé, — écailles soulevées.	Remèdes du commerce dont, notamment, *Furanace-P* c'est-à-dire *Nifurpurinol + vert malachite* (212). *Antibiotiques* (214). *Miconazole**** (211). *Métronidazole** (212). *Sulfamides* (214).

Ulcération transparente des Anabantides*

Symptôme : — décoloration blanchâtre d'une certaine surface du corps.	Remèdes du commerce. *Rifampicine* (214).

Maladies dues à des flagellés (p. 172)

MALADIES	TRAITEMENTS

Hexamitose*

Symptômes :
— mouvements natatoires saccadés,
— amaigrissement.

Remèdes du commerce.
*Métronidazole** (212).
Flubendazole (213).

(Voir également *les maladies des trous dans la tête des Cichlidés, 226*)

Costiose*

Symptômes :
— voile grisâtre sur la peau,
— hémorragies cutanées,
— téguments visqueux.

Remèdes du commerce.
Montée de la température jusqu'à plus de 30° C, si l'espèce concernée la supporte.
Chlorure de sodium (199).
Vert malachite (200).

Maladie du velours (Oodiniose)***

Symptômes :
— voile velouté sur le corps,
— recherche d'obstacles pour s'y frotter,
— opercules écartées,
— respiration difficile,
— taches brun rouille sur les nageoires.

Remèdes du commerce.
*Sulfate de cuivre**** (201).
*Miconazole**** (211).
*Métronidazole** (212).
Antibiotiques, en cas de bac marin mixte (214).

Spironucléose***

Symptôme :
— excréments blanchâtres.

Porter la température jusqu'à 35 et même 38° C, si l'espèce atteinte peut supporter un tel niveau.

Maladies dues à des protozoaires (p. 178)

Maladie des Néons* (Plistophoriose)

Symptômes :
— perte de couleur allant jusqu'à la décoloration totale d'une partie de plus en plus grande du corps.

Chez les Néons, perte de la bande lumineuse,
— nage, tête en haut.

(Cette maladie frappe presque exclusivement les poissons d'eau douce appartenant aux genres *Hemigrammus* et *Hyphessobrycon*)

Remède spécifique du commerce.
Antibiotiques (214).

Cette maladie grave et difficile à soigner, étant très contagieuse, les poissons atteints doivent être isolés, dès que possible.

Maladie des points blancs* (Ichthyophthiriose)

Symptôme :
— présence sur le corps, ou sur les nageoires, ou sur les 2, de petits points blancs en relief, de la taille d'une minuscule tête d'épingle.

Remèdes du commerce.
Si l'on est démuni de remède, augmenter la température à 30° C, pour ralentir la contagion jusqu'au début du traitement.

A condition d'être prise à son début, cette maladie, très rapidement mortelle si elle est négligée, se guérit parfaitement avec les produits actuels.

Cryptocariose**

Symptôme :
— Voir ci-dessus « *Maladie des points blancs* », cette maladie étant son équivalent marin.

Remèdes du commerce
Sulfate de cuivre (201).
Miconazole (211).

Lentosporiose***

Symptôme :
— nage tournoyante intermittente, après des périodes d'épuisement.

Causée par le protozoaire *Lentospora cerebralis*, la maladie, éventuellement contagieuse, est incurable.

Maladies dues à des champignons (p. 180)

MALADIES	TRAITEMENTS
Mousse (Saprolégniose)***	
Symptôme — touffes cotonneuses, fixées sur les plaies cutanées des poissons.	Remèdes du commerce. *Vert malachite* (200). *Bleu de méthylène* (198). *Nystatine* (211).
Mousse sur les yeux***	
Symptôme : — léger voile fongique sur les yeux. Cette mousse, si elle est négligée, évolue vers sa forme aiguë : l'*exophtalmie fongique*.	Remèdes du commerce. *Vert malachite* (200). Améliorer l'hygiène de l'aquarium.
Pourriture des nageoires***	
Symptômes : — voir ci-dessus la « *Pourriture des nageoires* » dans les *maladies bactériennes* (p. 222), car les symptômes sont les mêmes et les bactéries plus souvent responsables que les champignons.	Remèdes du commerce. *Vert malachite* (200). *Nystatine* (211). En cas d'échec, utiliser les remèdes indiqués pour les mêmes symptômes aux *maladies bactériennes* ou le remède mixte (bactéries/champignons) comportant : *nimérazole + nystatine + tétracycline** (212).

Maladies dues à des vers (Helminthes) (p. 182)

MALADIES	TRAITEMENTS

Gyrodactylose* et Dactylogyrose*

Symptômes :
— voiles cutanés,
— recherche d'obstacles pour s'y frotter.

Remèdes du commerce.
Permanganate de potasse (199).
Flubendazole (213).

Autres vers monogènes (dits improprement *ichthyo noir*)**

Symptômes :
— points noirâtres sur les branchies et téguments.

Remèdes du commerce.
Tenter le *Sulfate de cuivre* (201).
Flubendazole (213).

Cécité du scalaire*

Symptômes :
— infection et cécité provoquées par la présence, dans l'œil, de la larve du ver, *Hemistomum spathaceum.*

Maladie très rare, sans traitement connu. Sacrifier l'animal.

Parasitoses dues à des crustacés (p. 184)

MALADIES	TRAITEMENTS

Parasitose par lerneae*

Symptômes :
— parasites visibles sur le poisson,
— écailles soulevées.

Elimination manuelle par arrachage à la pince à épiler (p. 184), puis badigeonnage au *Mercurochrome* (p. 198) des parties concernées.

En cas d'infestation importante, on peut traiter dans un bac hôpital avec un des insecticides organo-phosphorés usuels du commerce. Le produit est dangereux, y compris pour l'homme, et les formules variables selon les marques. Il en résulte que cette méthode efficace doit être employée avec prudence. Personnellement, avec le produit que nous avions à notre disposition, nous avons utilisé avec succès la dose de 300 milligrammes pour 100 litres.

Parasitoses internes**

Symptôme :
— sans que l'on constate de cause apparente, il se produit un dépérissement du poisson, lequel est provoqué parfois par de nombreuses espèces de crustacés, parasites du système digestif.

Pas de remède utilisable.

Eviter l'introduction de poissons « sauvages » dans l'aquarium.

Les maladies de la nutrition (p. 186)

MALADIES	TRAITEMENTS

Les carences en vitamines***

Symptômes :
— amaigrissement,
— nage indolente,
— affadissement des couleurs.

Varier l'alimentation.
Fournir des nourritures de qualité, riches en vitamines.

L'obésité***

Symptôme :
— embonpoint excessif.

Réduire les doses de nourriture distribuées.

Les diarrhées***

Symptôme :
— Excréments anormalement inconsistants.

Faire observer une diète de 3 jours, puis fournir une alimentation de qualité, composée de nourritures variées.

La constipation***

Symptôme :
— abdomen gonflé.

S'il s'agit d'un gros sujet, on peut le sortir de l'eau et lui faire avaler quelques gouttes d'huile alimentaire, ou mieux encore de ricin. Il convient d'attendre une deuxième respiration, obligeant le poisson à déglutir, avant de le remettre à l'eau. Veiller ensuite à donner une alimentation rafraîchissante.

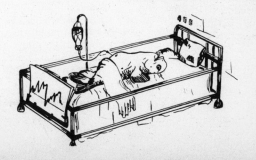

Maladies aux germes difficilement identifiables (p. 188)

MALADIES	TRAITEMENTS

Trous dans la tête des cichlidés (notamment, des discus)*

Symptômes :
— tenue immobile et isolée du sujet atteint,
— yeux perdant leur éclat,
— coloration terne et foncée du corps,
— refus de nourriture,
— enfin : apparition, dans la tête, de petits cratères.

Outre une cause d'ordre psychique ou une insalubrité du bac, il y a la présence d'un germe : *Octomitus*.

Il faut donc veiller à une bonne hygiène de l'aquarium ; et remédier aux éventuels phénomènes de domination, si les sujets atteints, sont les dominés.

Maintenir la température à 30° C.

Utiliser un remède spécifique du commerce ou *Métronidazole* (212).

Hydropisie non-infectieuse*

Symptômes :
— abdomen ballonné,
— écailles soulevées.

Chlorure de sodium (199)
Monter la température à 28° C.

En cas d'échec, il faut admettre que le mal est infectieux et se reporter, ci-dessus, aux maladies bactériennes (p. 218).

Exophtalmie non-infectieuse***

Symptôme :
— œil exorbité.

Quand le mal n'est que le signe extérieur visible de désordres internes indéfinis, faire un apport d'eau neuve de 50 % et maintenir une bonne hygiène.
Remèdes du commerce.

Sur les gros sujets, percer la poche d'air, comme indiqué p. 191.

MALADIES	TRAITEMENTS
	En cas d'échec, se reporter, ci-dessus, aux maladies causées par des virus et des bactéries.

Hémorragies***

Symptôme :
— saignements anormaux.

Si elles ne sont pas causées par une blessure (voir ci-après), la difficulté d'identifier le germe responsable n'empêche pas les hémorragies d'être infectieuses. Il faut donc se reporter aux maladies bactériennes (p. 218).

Les maladies sans germe

MALADIES	TRAITEMENTS

Les blessures*

Symptômes :
— excoriations,
— plaies.

Désinfectant du commerce, ou pêche du poisson, et, à l'aide d'un coton-tige, attouchement de la plaie au *Mercurochrome* (198).

Asphyxie ou intoxication*

Symptômes :
— comportement anormal, tel que :
— pipage d'air en surface,
— rythme de respiration perturbé,
— nage indolente.

Si aération-filtrage sont arrêtés, leur rétablissement fait cesser les symptômes d'asphyxie.
Si l'aération est normale, il s'agit, éventuellement, d'un empoisonnement dont les causes peuvent être multiples, la pollution pouvant provenir, aussi bien, d'un élément nocif dans l'eau du bac, que de l'air insufflé par l'intermédiaire de la pompe (émanations d'insecticides, de désodorisants...).

Indigestion*

Symptômes :
— rythme de respiration anormal,
— pipage d'air en surface,
— ventre ballonné.

La mort stupide, résultant éventuellement de cet incident regrettable, a pour cause un apport aussi important que brutal d'aliments trop consistants. Par exemple, à un retour de vacances ayant provoqué un jeûne prolongé pour les poissons, distribution exagérée de vers de vase.

Shimmy*

Symptômes :
— nageoires collées au corps,

Ces attitudes, qui ne constituent pas encore une maladie, peu-

MALADIES	TRAITEMENTS
— queue serrée, — dandinement sur place.	vent avoir 2 origines : — ou elles sont les signes avant-coureurs d'autres symptômes, qui permettront ultérieurement d'établir un diagnostic. — ou il s'agit d'un syndrome de non-adaptation au milieu, par exemple pour cause de température trop basse, de nature d'eau ne convenant pas aux besoins de l'espèce... L'exemple classique est celui d'un *Black molly*, placé dans un bac d'eau douce à 25°, alors qu'il lui faut de l'eau légèrement saumâtre à 28°.

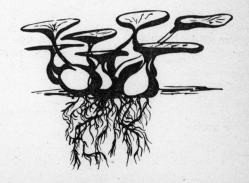

Les ennemis

Lorsqu'un parasite est minuscule et qu'il se multiplie très rapidement, on le considère généralement comme un germe pathogène. Mais, s'il est d'une taille telle qu'il soit visible à l'œil nu, pour peu qu'il soit dangereux, on le classe parmi les ennemis.

Au niveau de la santé de l'aquarium et du poisson, il y a une grande distinction à établir entre 2 catégories d'ennemis : ceux dont l'agression entraîne une blessure généralement consécutive à une morsure et ceux dont l'agression est chimique par exemple émission d'un venin.

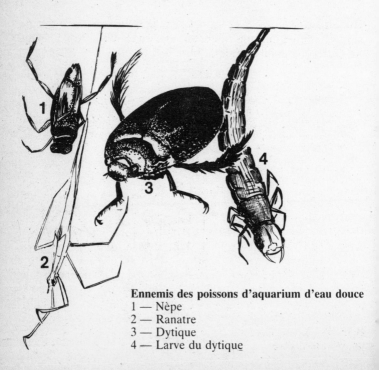

Ennemis des poissons d'aquarium d'eau douce
1 — Nèpe
2 — Ranatre
3 — Dytique
4 — Larve du dytique

Les ennemis du poisson d'eau douce

Les eaux douces naturelles fourmillent d'insectes et de bestioles diverses presque tous prédateurs. Dans un bac, ils peuvent agresser des alevins, voire même des adultes. La planche de dessins ci-jointe permet la reconnaissance de tous ces indésirables. Nous ne traiterons ci-dessous que ceux qui infestent réellement les aquariums.

Les hydres

Il existe deux espèces : la verte et la blanche. La verte ne survit pas en aquarium, même lorsqu'on le souhaiterait. Nous ne parlerons donc que de la blanche.

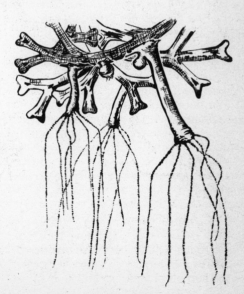

Hydre des eaux douces
(grossies trois fois)

Les hydres vivent fixées aux plantes aquatiques, mais on trouve aussi des individus migrateurs dans le plancton. C'est dire qu'elles peuvent éventuellement être introduites avec des daphnies ou des vers de vase mais elles le sont surtout et le plus souvent par des plantes sauvages dont l'utilisation est donc à éviter. Une jeune hydre, rétractée sur une feuille de plante, est pratiquement indiscernable.

Les hydres ne représentent un danger certain que pour les alevins mais pas seulement pour les plus petits d'entre eux. Nous avons pu observer l'élimination des jeunes nés d'une reproduction d'*Haplochromis multicolor* alors qu'ils mesuraient déjà de 8 à 12 mm. Les hydres qui infectaient, il faut le dire, considérablement les plantes, parvenaient à maintenir à 6 ou 10, l'alevin dans un réseau de tentacules.

Elles ne semblaient pas le dévorer mais profiter de la prolifération d'animalcules issus de sa décomposition.

La méthode d'élimination classique consiste à les faire manger par des *Trichogaster* (cf. MS 77). En cas d'échec, il faut se résoudre à désinfecter le bac et tout ce qu'il contenait, à l'eau de javel par exemple. Les plantes sont donc perdues.

Les sangsues

Elles ne sont dangereuses que grandes, mais les jeunes, les seules qui peuvent passer inaperçues, grandissent très bien dans l'aquarium jusqu'à ce qu'elles atteignent la taille qui leur permet d'attaquer les poissons.

Elles sortent de nuit et c'est aux heures tardives et sombres qu'il faut inspecter l'aquarium, dans le cas ou les jours précédents on aurait retrouvé des poissons morts littéralement saignés à blanc. Une fois la sangsue localisée, on s'en débarrasse tout simplement en la repêchant.

Les planaires

Ce sont de petits vers turbellaridés de 10 à 12 mm. On leur attribue généralement tous les vices. Nous devons pourtant avouer qu'ils nous semblent bien inoffensifs. Ce n'est que pour nous plier à l'usage que nous les mentionnons parmi les ennemis des poissons.

Les tortues aquatiques

Elle représentent le type même de l'ennemi que l'on introduit volontairement dans un aquarium. La cohabitation avec les poissons est parfois possible mais toujours dangereuse. Les tortues de toutes espèces sont carnassières et puissamment armées. Ce sont, en outre, des animaux extrêmement salissants, dont la présence est incompatible avec la salubrité de l'aquarium.

La plus commune, la tortue dite de Floride (*Chrysemys picta*) est une bête qui atteint une taille considérable, jusqu'à 35 cm. Observation curieuse : il arrive qu'elles attaquent sélectivement les poissons rayés verticalement (*Barbus de Sumatra*) et ignorent les poissons rayés horizontalement (*Danio*). Quoiqu'il en soit de leurs proies préférentielles, elles représentent un double danger, puisqu'elles sont à la fois prédatrices et souvent porteuses de germes transmissibles aux poissons.

Les autres poissons

Lorsqu'un poisson ne vit pas seul dans son aquarium, ses compagnons ne sont pas obligatoirement inoffensifs. Bien sûr, chacun sait qu'il vaut mieux éviter de mettre un gros poisson prédateur en présence d'un sujet si petit qu'il ressemble à une proie. Mais, les problèmes de sociabilité ne se limitent pas à ces évidences.

Les poissons sont des animaux au comportement complexe et parfois agressif. Il n'est donc pas inutile d'examiner leurs mœurs, cela peut permettre d'éviter des bagarres.

● **Il y a d'abord les affrontements d'origine exclusivement sexuelle,** qui sont, dans la plupart des cas, sans gravité, comme les petites comédies familières aux *Guppys* mâles (cf. MS 77).

● **L'agression dure est généralement territoriale,** même si elle a une base sexuelle car il s'agit de disposer d'un lieu où l'on peut accueillir une femelle et se reproduire. C'est essentiellement son territoire que défend le *Combattant* mâle ou un *Cichlidé*. Aussi, la présence ou l'absence de femelle ne change-t-elle rien à son agressivité, qui est déclenchée par la vue d'un autre mâle.

Ces combats territoriaux ont lieu surtout au sein d'une même espèce. Beaucoup se limitent à des manœuvres d'intimidation, qui se déroulent selon un rite bien programmé et se terminent souvent sans la moindre blessure physique. Ils n'en sont pas moins dangereux.

Chez certaines espèces, notamment parmi les *Cichlidés* des lacs africains, ce qui semble être un simulacre de combat conduisant à une hiérarchisation du groupe, conduit, en réalité, à **l'élimination des plus faibles.** L'individu dominé se retire dans un coin du bac dans une position plus ou moins verticale. Souvent incapable de s'alimenter, il ne tarde pas à mourir de diverses lésions internes, qui sont de véritables maladies psychosomatiques. Il n'y a qu'un remède : l'écarter des plus forts.

● Une autre forme sournoise d'agression est celle pratiquée par certaines espèces grégaires qui se livrent à **une guerre de harcèlement,** comparable à celle que font les oiseaux corvidés, telles les corneilles, à l'encontre des oiseaux rapaces. En aquarium, l'exemple le plus connu est le *Barbus de Sumatra* qui, en groupe, bouscule en permanence les autres poissons et les mord aux nageoires. C'est là encore une guerre de défense mais concernant cette fois un territoire collectif.

En bref, l'aquariophile a rarement à déplorer des décès consécutifs à des morsures graves, mais il doit être attentif aux petits différents en apparence insignifiants, qui s'ils deviennent permanents, conduisent bel et bien des poissons à la mort.

Les ennemis des poissons d'eau de mer

Tous les organismes de l'aquarium d'eau de mer proviennent du milieu naturel, c'est donc parmi eux que se trouvent des éventuels ennemis. Lesquels se distinguent selon un critère de prédation ou un critère de compétition.

La prédation s'effectue généralement au détriment des invertébrés, qui s'autodétruisent entre eux ou sont victimes des nombreux poissons qui les broutent. Dans la nature, ces derniers se reconnaissent à leurs mâchoires puissantes, faites pour briser le corail ou les coquilles, ce sont les *perroquets,* les *Tétraodontidés* et certains *balistes* qui grignotent également volontiers les nageoires de leurs compagnons.

Nous sommes placés là devant un choix de compatibilité d'espèces qui n'entre pas dans le cadre d'un ouvrage tel que celui-ci. Avant de décider des pensionnaires à introduire dans son bac, l'amateur doit consulter un livre d'aquariophilie qui lui enseignera les mœurs de chaque poisson (cf. MS 359).

Les combats entre poissons d'eau de mer sont des combats territoriaux généralement durs, qui ne se limitent pas à un simulacre comme pour la plupart des poissons d'eau douce. La constance de l'instinct territorial, chez les poissons coralliens, est telle qu'elle interdit, dans bien des cas, de conserver ensemble plusieurs individus de même espèce, voire d'espèces proches. Par contre, entre variétés très différenciées, la sociabilité est généralement bonne lorsque les tailles des individus sont compatibles.

Il n'en demeure pas moins que des affrontements sont inévitables à l'arrivée de chaque nouveau poisson. Pour les tempérer, certains auteurs conseillent de laisser le nouvel arrivant quelques heures dans une cage où il sera «flairé» sans danger par ses futurs compagnons. L'idée paraît séduisante, mais en fait, le problème n'est qu'à demi réglé, car même si une certaine acceptation évite les premiers heurts, le nouveau pensionnaire devra finalement conquérir un territoire. C'est pourquoi, la meilleure solution consiste à introduire les nouveaux poissons par groupes en bouleversant simultanément le paysage de l'aquarium, afin de briser les territoires existants.

Les ennemis venimeux

Les poissons à la piqûre venimeuse, comme les **raies** ou les **ptéroïs,** que nous évoquerons au prochain chapitre, ne sont guère dangereux pour leurs compagnons de bac. Eventuellement, ils les menacent de leurs piquants porteurs de venin, mais nous ne connaissons aucun cas de poisson tué.

Il n'en est pas de même avec d'autres poissons, qui peuvent excréter des poisons dans le milieu, sous l'effet d'une excitation, en particulier de la peur. C'est le cas des *Ostracions;* ou **poissons-coffres** (cf. MS 359), qu'il faut éviter de conserver avec d'autres espèces dans des bacs exigus où leur excrétion ne peut être diluée. Eux-mêmes sont sensibles au poison qu'ils émettent.

Les animaux de l'aquarium marin susceptibles de libérer des toxines en cas de stress :
— à gauche, une Holoturie,
— à droite, un poisson-coffre.

Parmi les invertébrés, on connaît la capacité des **anémones de mer,** à émettre un toxique qui leur facilite l'immobilisation des proies. Cependant, toutes ne sont pas également dangereuses et la majorité des poissons savent très bien les éviter. Il faut toutefois faire attention à toutes les formes aussi bien tropicales qu'indigènes d'*Anemonia sulcata.*

Quant à l'**holoturie** (*Pseudocolochirus Tricolor*) ou concombre de mer, elle peut, si elle a été perturbée, secréter une toxine très violente capable de tuer en deux heures les poissons occupant son bac.

Enfin, certaines **éponges bleues** sont suspectes car susceptibles d'éjecter des poisons.

Ainsi, on peut constater que pratiquement tous les organismes cités ont un comportement venimeux passif. Cette règle connaît une exception avec les gastéropodes du genre *Conus* (les **cônes** des collectionneurs), possesseurs de dards empoisonnés, capables aussi bien de tuer de nuit de petits poissons de fond, que de piquer mortellement l'aquariophile, comme nous allons le voir dans le chapitre suivant.

L'amateur et les dangers de l'aquarium

L'aquarium peut présenter certains dangers pour la ou les personnes qui s'en occupent, sans respecter quelques précautions élémentaires.

La première de toutes concerne la prudence que l'on doit observer vis-à-vis de l'électricité en contact avec de l'eau, ne serait-ce que sous forme de condensation. Ne tolérez ni contacts douteux, ni fils usagés, ni isolations défectueuses, ni raccords imparfaits. Et surtout, ne «bricolez» pas votre électricité, pieds nus sur du carrelage humide.

Les animaux venimeux

Les poissons

L'aquarium est susceptible d'abriter des poissons venimeux dont la toxine est injectée à l'aide d'un aiguillon. Globalement, les espèces concernées se rattachent, soit aux raies venimeuses, soit aux rascasses.

Les raies venimeuses

D'eau douce et d'eau de mer, elles appartiennent au groupe des *Dasyatides,* soit plus communément au groupe des *Pastenagues.*

Le ou les aiguillons venimeux, dont le nombre varie avec l'âge, se situent à la partie supérieure de la queue qui est en forme de fouet. Ce sont des armes défensives.

Le poison provoque une violente douleur accompagnée de

nausées et de vertiges. La piqûre d'une pastenague est un accident très sérieux, dont les séquelles peuvent durer des semaines.

Dans la nature, l'accident classique survient lorsque l'on marche sur l'animal enfoui sous la surface du sable. Les pêcheurs professionnels peuvent également être piqués aux mains lorsqu'ils trient le poisson.

En aquarium, les risques pour l'amateur sont limités, par le fait que la présence de l'animal dans le bac est connue. Il suffit de ne pas toucher au sable ou à d'autres éléments internes du bac, sans avoir vu où se dissimule la raie.

En aucun cas, l'animal ne doit être manipulé à la main, car s'il se sent menacé, il est capable de se servir de sa queue comme d'une arme offensive. Il peut, en effet, frapper par devant sans prévenir en rabattant son fouet caudal par-dessus la tête. Il faut donc, si l'on doit absolument le toucher, utiliser des gants très épais.

Certes, en approchant la main par derrière, on peut parvenir à saisir le bout du fouet entre le pouce et l'index et tirer doucement. Le réflexe du poisson est alors d'avancer mais c'est une manœuvre délicate et risquée,

Sachons enfin qu'une raie ne doit pas être pêchée avec une épuisette aux mailles fines car son aiguillon barbelé s'emmêle, au point que l'on doit parfois couper le filet pour dégager l'animal.

La pastenague indigène n'est pas un poisson d'aquarium, elle est extrêmement venimeuse. La pastenague tropicale, à taches bleues, passe pour être moins dangereuse, encore que l'on manque de références. Les jeunes individus sont importés comme poissons d'aquariums.

Les rascasses

Les rascasses étant toutes plus ou moins venimeuses, les accidents sont beaucoup plus fréquents qu'avec les raies, du fait que les plus belles espèces tropicales (*Ptéroïs*, cf. MS 359), sont des poissons marins extrêmement communs en aquarium.

Ces poissons ne se servent pas de leurs aiguillons venimeux dorsaux à l'encontre de leurs compagnons d'aquarium, qu'au pire ils menacent. D'ailleurs, ce ne sont pas des animaux méchants, ils ne touchent jamais aux poissons trop gros pour constituer une proie, et n'attaquent jamais délibérément leur soigneur. Mais, il faut tenir compte des réflexes que le sentiment d'insécurité peut provoquer.

Sous l'emprise de la peur, un ptéroïs est capable de sauter d'une épuisette, de se retourner en l'air pour retomber, piquants en avant, sur l'objet jugé menaçant, fut-ce votre propre main. Dans l'eau, nous avons observé un spécimen de forte taille, tenter de planter ses aiguillons dans un manche à balai, dont nous nous servions comme levier pour redresser un morceau de corail déplacé !

La blessure d'un ptéroïs est sans doute moins grave que celle des raies, mais elle n'est pas pour autant à sous-estimer.

> *La* synancée (*Synanceia verrucosa*) *est un parent éloigné du ptéroïs. Son venin extrêmement puissant peut être mortel ; aussi faut-il, en cas de piqûre, se faire hospitaliser immédiatement ! Et, comme il s'agit là d'un poisson statique, très peu attractif, le mieux consiste à l'éliminer définitivement de la liste des poissons d'aquarium.*

Les premiers soins

Lorsque l'on vient d'être piqué par un poisson venimeux, quel qu'il soit, il faut être conscient que le traumatisme peut être grave. Il n'est donc pas question ici de se substituer au médecin et d'indiquer autre chose que les tout premiers soins d'urgence, qui seront obligatoirement complétés par un examen médical.

Le danger est proportionnel :
— en partie à la taille du poisson et à son état général, ainsi qu'à la profondeur de la ou des piqûres ;
— mais, également au propre état de santé de la personne, qui a été surprise et à son tempérament, qui peut être plus ou moins allergique au venin.

Afin de détruire le venin, qui est dissocié à 50° centigrades, le membre blessé doit être maintenu dans une eau aussi chaude que possible durant une bonne heure ou durant le délai nécessaire à l'arrivée du médecin.

Par ailleurs, il faut savoir qu'une première piqûre ne constitue pas une pseudo-vaccination, mais au contraire, provoque un état d'allergie rendant la seconde piqûre plus redoutable. Les rarissimes cas de blessures mortelles sont dus à l'action hémolytique du venin durant les 6 premières heures.

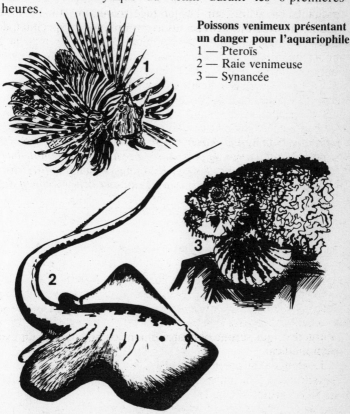

Poissons venimeux présentant un danger pour l'aquariophile
1 — Pteroïs
2 — Raie venimeuse
3 — Synancée

Les blessures occasionnées par les raies sont souvent compliquées par le fait que l'aiguillon brisé reste dans la plaie ; celles occasionnées par les ptéroïs sont plus simples.

Les coquillages

La piqûre de certains gastéropodes est mortelle, notamment celle des **cônes** *(Conus)* des groupes textiles et géographes. C'est ainsi que, dans les pays tropicaux, les cônes sont responsables de beaucoup plus d'accidents mortels que les requins.

En apparence, ce problème ne concerne pas l'amateur. Or, l'un des auteurs a déjà trouvé un cône textile vivant dans un magasin d'aquariophilie. Les vendeurs, inconscients du danger, le manipulaient sans précautions! Dans ces conditions, bien que la sagesse consiste à éviter tous les cônes, pour plus de sûreté et à titre indicatif, nous préférons donner ici des dessins permettant d'éviter les espèces dangereuses.

Et si, par malheur, malgré notre mise en garde, il advenait que vous soyez piqué par un cône, vous devez vous faire hospitaliser immédiatement.

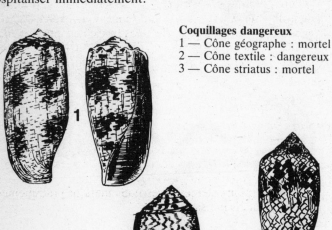

Coquillages dangereux
1 — Cône géographe : mortel
2 — Cône textile : dangereux
3 — Cône striatus : mortel

Les maladies

L'aquarium ou plus précisément l'eau contenue, peut-elle présenter un risque de maladie : théoriquement oui, pratiquement on peut presque répondre non.

Les amibes

Tous les aquariums tropicaux en contiennent. Mais, a priori, elles ne semblent pas être de l'espèce pathogène*. Leur présence est simplement à signaler pour information.

Les paratuberculoses

La tuberculose des poissons (mycobactériose) est vraisemblablement latente dans tous les aquariums. Elle exerce certains ravages sur les poissons des élevages piscicoles intensifs mais n'est que très peu transmissible à l'homme, sur lequel elle n'a pris, à ce jour, que la forme d'infections bénignes.

Les précautions

Cette liste de maladies transmissibles à l'homme est extrêmement courte, comparée aux affections que peuvent nous apporter la fréquentation des animaux familiers à sang chaud. *L'aquariophilie est une distraction saine* !

Trois précautions élémentaires nous mettent pratiquement à l'abri de tout risque sanitaire :

● **Désinfecter soigneusement toutes blessures ou coupures**, mêmes vénielles, que l'on peut s'occasionner en manipulant du matériel d'aquariophilie.

● Dans le même ordre d'idées et pour les mêmes raisons, **éviter de tremper les mains dans l'eau des aquariums d'eau douce**, lorsqu'elles sont porteuses d'écorchures.

● **Ne jamais boire l'eau de l'aquarium**. Cela paraît évident, cependant l'absorption d'eau, lors de l'amorçage à la bouche, d'un siphon, est extrêmement fréquente. Dans ce cas, il ne suffit pas de recracher le liquide, il est doublement prudent de se rincer consciencieusement la bouche.

Mais, ce genre d'incident, ne devrait pas se produire car il existe d'autres moyens à utiliser, tels que poire d'amorçage, siphon automatique ou plus simplement remplissage du tuyau de siphonnage au robinet ! Il suffit d'introduire une extrémité dans le bac, puis de libérer l'écoulement en enlevant le doigt qui obturait la sortie.

● Aux différentes précautions que nous venons d'indiquer, concernant les manipulations dans l'aquarium, il faut ajouter 2 brèves recommandations liées aux **pêches en milieu sauvage**. On peut, en effet, y rencontrer des germes peu fréquentables.

— *Sur le terrain,* après une collecte de proies vivantes, il est nécessaire de se laver les mains. Même si daphnies et plancton ont été recueillis en des endroits, en principe non suspects, situés bien loin d'une station d'épuration par exemple !

— *Une fois parvenu à la maison* et quelle que soit l'origine de la récolte, on doit la rincer à grandes eaux sur un tamis... et se relaver les mains à nouveau.

Cela paraît aussi évident qu'élémentaire, mais c'est précisément pour cette raison que nous insistons : il ne faut pas, sous prétexte que l'on est pressé, négliger les petites précautions simples, qui conditionnent une bonne hygiène.

Glossaire

Les termes contenus dans le glossaire sont signalés dans les pages précédentes au moyen d'une astérisque.

Acide aminé : molécule chimique à base carbonée et azotée, servant d'élément constitutif à la construction des protéines.

Aérobie : réaction chimique ou biochimique qui s'effectue en présence d'oxygène. Se dit souvent de bactéries qui ne sont actives qu'en présence d'oxygène.

Amibe : animal unicellulaire dont une espèce parasite l'intestin humain.

Ammoniaque (NH4) : molécule chimique extrêmement toxique, issue des urines et des matières fécales.

Anaérobie : réaction chimique ou biochimique, qui s'effectue en absence d'oxygène. Se dit souvent des bactéries qui ne sont actives qu'en l'absence d'oxygène.

Antibiotique : substance naturelle, produite à l'origine par des champignons, qui est capable de détruire les germes surtout bactériens.

Antiseptique : produit chimique qui détruit tous les germes.

Argile : matière minérale dotée d'un pouvoir colloïdal (voir *Colloïde*).

Autolyse : autodestruction des tissus par les enzymes qu'ils contiennent (voir *Enzyme*).

Autotrophe : organisme vivant capable de construire ses matières carbonées à partir du gaz carbonique de l'air.

Biocénose : terme d'écologie désignant une collectivité de plantes et d'animaux associés.

Biocénotique : qui se rapporte à la biocénose.

Biochimie : chimie des matières organiques et du monde vivant (c'est-à-dire chimie du carbone, ce dernier étant à la base de toutes les molécules organiques).

Biologie : science de la vie.

Carotène : pigment photosensible rouge que l'on trouve dans les plantes.

Catalyseur : produit indispensable à certaines réactions chimiques.

Chélateur : substance chimique de haut poids moléculaire, capable de «piéger» de petites molécules.

Chimie organique : chimie du carbone.

Chlorophylle : pigments photosynthétiques principaux du monde végétal. Ils sont toujours de couleur verte.

Colloïde : matière chimique formant un réseau, ne traversant pas les membranes poreuses.

Comportement : terme d'écologie désignant les réactions d'un animal en réponse à une situation donnée.

Corallien : issu des massifs coralliens c'est-à-dire des récifs madréporiques des mers tropicales.

Cristal : substance minérale solide, dotée d'une forme géométrique bien définie.

Cytoplasme : partie fondamentale transparente vivante, baignant les autres éléments de la cellule.

Décantation : processus de déposition de matières en suspension dans l'eau sous l'effet de la pesanteur.

Décomposition : processus normal de la dégradation des matières organiques par les bactéries. La décomposition s'effectue en aérobie.

Dialyse : les matières en solution qui dialysent sont celles qui sont capables de traverser une membrane poreuse ou semiperméable. Les colloïdes ne dialysent pas.

Diastase : voir *Enzyme*.

Ecologie : science du fonctionnement de la nature.

Electrolyse : dissociation des molécules, sous l'effet d'un courant électrique.

Electrolyte : milieu liquide conducteur de l'électricité, dans lequel s'effectue l'électrolyse.

Endosymbiotique : se dit d'un organisme vivant au sein d'un autre organisme avec lequel il a des échanges bénéfiques.

Enzyme ou diastase : protéine soluble provoquant ou accélérant une réaction biochimique.

Eradiquer : action d'éliminer totalement un organisme nuisible.

Eucaryote : se dit des organismes dont l'information génétique est contenue dans un noyau cellulaire (algues vertes, plantes, animaux).

Euryhalin : se dit de poissons, aptes à supporter le passage de l'eau douce à l'eau de mer et vice-versa.

Excrétion : matière biochimique rejetée dans le milieu par un animal ou un végétal.

Facteur de croissance : substance absolument indispensable à la croissance d'un organisme, bien qu'utilisée en toutes petites quantités.

Fermentation : processus de dégradation de la matière organique par les bactéries en absence d'oxygène.

Humification : transformation des matières organiques végétales en humus.

Humus : produit de la décomposition lente des celluloses du bois.

Infection : pénétration d'un germe dans des tissus organiques sains.

Kyste : forme de résistance des microorganismes.

Lait de chaux : chaux éteinte étendue d'eau.

Lux : unité de mesure de la lumière.

Macrophytes : se dit des plantes visibles à l'œil nu, en opposition aux plantes microscopiques dites microphytes.

Métabolisme : ensemble des réactions biochimiques permettant la croissance et la physiologie d'un être vivant.

Micron : unité de mesure égale à un millième de millimètre.

Minéralisation : réduction des molécules organiques en éléments minéraux.

Missible : liquide apte à se mélanger à un autre liquide.

Moléculaire : relatif aux molécules.

Molécule : plus petite portion d'un corps pur, existant à l'état libre sans avoir perdu les propriétés de la substance d'origine.

Mixotrophe : organisme vivant capable d'utiliser simultanément ou successivement diverses sources de matières minérales et organiques.

Nitrate (NO_3) : produit final de la décomposition des matières fécales et organiques.

Nitrite (NO_2) : produit intermédiaire de la décomposition des matières fécales et organiques. Les nitrites sont toxiques.

Nitrification : processus engendré par l'activité bactérienne en aérobie et produisant l'oxydation de l'ammoniaque (NH_4) jusqu'aux nitrates (NO_3).

Nucléique : ensemble des acides (acides nucléiques) porteurs des informations génétiques dans le noyau de la cellule vivante.

Nutrition : absorption, par les plantes et les animaux, des matières minérales ou organiques, indispensables à leur métabolisme.

Oligo-élément : éléments entrant, en très faible quantité, dans la nutrition ; cependant, indispensables à la vie car catalyseurs des réactions physiologiques.

Organique : tout ce qui a trait à la vie et à la chimie du carbone.

Oscillaire : famille d'algues, regroupant la moitié des algues bleues filamenteuses.

Osmotique : l'osmose est le phénomène de diffusion entre 2 solutions différentes à travers une membrane perméable.

Oxydation : réaction chimique entre une substance et l'oxygène. Oxyder c'est brûler.

Oxyde : matière ayant été oxydée c'est-à-dire brûlée par l'oxygène (exemple : la rouille).

Pathogène : se dit d'un germe capable d'apporter une maladie.

pH : initiales signifiant potentiel en ions hydrogène.

Photosynthèse : réaction biochimique permettant aux plantes d'assimiler le carbone atmosphérique grâce à l'énergie lumineuse.

Physiologie : ensemble des activités biologiques permettant la vie des êtres vivants.

Plancton : ensemble des organismes flottant passivement dans les eaux naturelles.

Pollution thermique : élévation artificielle de la température d'un milieu naturel.

Procaryotes : se dit des organismes dont l'information génétique n'est pas contenue dans un noyau cellulaire (bactéries et algues bleues).

Protéine : grosse molécule composée d'acides aminés, composant la matière vivante ou assurant son métabolisme.

Putréfaction : processus mal défini englobant la décomposition et la fermentation.

Réacteur : enceinte, généralement de verre, dans laquelle on effectue des réactions chimiques.

Respiration : oxydation de matières organiques grâce à l'oxygène de l'air ou de l'eau. C'est la fonction permettant aux animaux et aux plantes, d'accumuler de l'énergie.

Sac vitellin : enveloppe contenant, chez les alevins, le vitellus, c'est-à-dire le jaune de l'œuf.

Salin : contenant du sel, généralement du sel de mer.

Saprobe : milieu riche en matières en décomposition. L'organisme, dit saprobe, est celui capable de se nourrir, préférentiellement, de molécules organiques.

Saprophyte : organisme recherchant les milieux saprobes. Se dit également d'un germe qui vit sur ou dans un hôte, sans y provoquer de maladie.

Sedimentation : phénomène de déposition, sur le fond des milieux aquatiques, des matières en suspension.

Sphaigne : mousse dont la décomposition partielle concourt à la formation de la tourbe.

Stérile : milieu ou enceinte ne contenant absolument aucune vie. La stérilisation est l'élimination, par des procédés physiques ou chimiques, de toute forme de vie d'un milieu.

Substrat : support permettant une activité biologique ou chimique.

Suspension : se dit d'un ensemble de particules solides non dissoutes, véhiculées par le liquide dans lequel elles se trouvent.

Symbiose : association entre des animaux ou des végétaux d'espèces différentes.

Synthétiser : créer une molécule organique par une méthode naturelle ou artificielle.

Tégument : ce qui recouvre le corps : peau, plumes, poils et bien entendu écailles.

Toxine : produits toxiques excrétés, dans le milieu, par des organismes.

Traces : quantités minimes, parfois même indosables.

Vecteur : organisme véhiculant des germes pathogènes.

Bibliographie

— **A.F.A.** (Association française des aquariophiles), *Nourritures vivantes pour poissons et alevins*, travail collectif.

— **Arnoult, J.**, *1967 Les poissons* (encyclopédie par l'image), Hachette,

— **Cohen, D.M.**, proc, California, acad. Sci., 38-17, 1970.

— **Copin, L.** *Faune et flore exotique*,éditions : Arapress, Bruxelles, 1957

— **De Graaf, F.**, *L'aquarium marin tropical, Bordas*, (Elsevier) 1974.

— **Escalier, G.** , *Utilisation des Ultraviolets en aquariophilie*, Bulletin A.F.A., n° II, 1979.

— **Favé, G.**, *Initiation à l'aquariophilie marine tropicale*, Imprimerie Pantel.

— **Favré, H.**, *Le guide Marabout de l'aquarium* (d'eau douce), Marabout, MS 77, 1968 (réédition, 1982).

— , *Le grand livre de l'aquarium*, Bordas (Elsevier), 1972.

— , *Le guide Marabout de l'aquarium d'eau de mer*, Marabout, MS 359, 1979.

— , *Le Larousse des poissons d'aquarium*, 1975.

— , *Prévention et traitement des maladies*, Bulletin A.F.A., n° 19, 1981.

— **Feist, R.E.**, *Administration of antibiotics and other remedies in treatment of fish diseases*, T.F.H., 1976.

— **Innes, T.**, *Exotic aquarium fishes* Aquarium publishing incorporated, 19e édition, 1964.

— **Knôppel., H.A.**, *Food of central amazonian fishes*, Amazoniana n° 2, 1970.

— **Lauer, M.** *La tuberculose des poissons, une maladie inhérente aux conditions d'élevage*, Revue française d'aquariologie n° 3, 1976.

— **Lucky, Z.** *Tableau des maladies*, Aquarama n° 21, 1973.

— **Mayr, E.** *Populations, espèces et évolution*, Herman, 1974.

— **Rivolier, J. et C.**, *Accidents provoqués par les animaux venimeux et vénéneux marins*, Cahiers Sandoz, n° 14, 1969.

— **Schmidt, G.,** *Nos poissons malades*, Miniguide nature Bordas (Elsevier), 1975.

— **Shubert, G.,** *The velvet touch*, T.F.H., n° 74, 1974.

— **Tassigny, M.** *Les infusoires*, La pisciculture française, n° 10, 1967.

— , *L'aquarium du débutant*, Aquarama ,n° 44 à 56, 1978 à 1980.

— , *Les algues et l'aquarium*, Aquarama, n° 60 et 61, 1980.

— **Terver, D.,** *Pathologie des poissons d'aquarium*, Revue française d'aquariologie, n° 3, 1979.

— , *L'aquarium, eau douce, eau de mer*, Réalisations éditoriales pédagogiques, 1980.

— **Vidal,** *Dictionnaire Vidal* (Monographie des spécialités pharmaceutiques), Editions O.V.P., Paris, 1980.

— **Walls, J.G.** *Cone shells*, T.F.H., 1980.

Table des matières

Avant-propos 7
Influences respectives des aquariophilies d'eau douce et d'eau de mer ... 10
— Histoire de la Terre : 10 — *Les premières eaux : 10* — *Les premiers poissons : 12*
— Rapports actuels entre eau douce et eau de mer : 15

PREMIÈRE PARTIE — DE LA NATURE À L'AQUARIUM 19

Les eaux 21
Les eaux naturelles 21
— Limites d'évolution des poissons : 22 — *Limite impérative : 22* — *Limite biocénotique : 23*
— Les milieux d'eau douce : 25 — *La minéralisation totale : 26* — *La dureté totale : 28* — *La température : 30* — *La transparence (éclairement, turbidité, couleur) : 31* — *Le pH : 34* — *L'humification : 37* — *La perennité : 39*
— Les eaux saumâtres : 40 — *La densité : 41* — *Les milieux d'eaux saumâtres : 41* — *Le sol des milieux saumâtres à salinité variable : 43*
— Les eaux marines : 45 — *Les eaux méditerranéennes et océaniques : 45* — *Les eaux coralliennes : 46*
Les eaux d'aquarium 50
— Les eaux de distribution : 50
— Les eaux douces : 52 — *Adoucir une eau : 52* — *L'eau de pluie : 53* — *Les eaux douces prélevées dans la nature : 53*
— Les eaux saumâtres : 54
— Les eaux marines : 55 — *La nitrification (l'introduction des poissons, les pollutions dues à l'environnement, le vieillissement de l'eau, le renouvellement de l'eau) : 56* — *L'action de l'écumeur : 63*

Les sols 66
Les sols d'eau douce 66
— *Sables et graviers : 66* — *Terreaux et composts : 68*
Les sols marins 72
— *Sables et graviers : 72* — *Les sols biologiques, supports de l'activité des bactéries : 72*

Les auxiliaires vivants 77
Auxiliaires vivants des eaux douces 77
— Les plantes : 77 — *Conséquences de la photosynthèse : 78* — *Conséquences de la nutrition des plantes : 78* — *Les plantes nuisibles : 79*
— Les maladies des plantes : 80 — *La malnutrition (rôle du terreau) : 81* — *Les carences : 82* — *L'excès de sels minéraux : 86*
— Les algues : 87 — *Fonction épuratrice : 88* — *Fonction indicatrice : 89* — *La lutte contre les algues : 90* — *Les algues bleues : 90*
— Les mollusques : 92 — *Le malais : 92* — *Le planorbe : 93* — *Les ampullaires : 94* — *La physe : 95* — *Le rôle des mollusques : 96* — *Le combat contre les escargots : 96*
Auxiliaires vivants des eaux de mer 97
— Les algues : 97
— Les invertébrés : 99 — *Leur santé : 100* — *Des micro-témoins de la santé : 102*

DEUXIÈME PARTIE — DE L'ACCLIMATATION À LA SANTÉ DES POISSONS   103

Les techniques d'hygiène   105
L'éclairage   105
— *En eau douce : 105 — En eau de mer tropicale : 106*
L'aération   106
— *L'aération hygiénique : 106 — L'aération thérapeutique : 108*
La filtration mécanique   109
— *Le débit : 109 — La maille : 110 — La capacité : 112*
La filtration stérilisante   112
— *Le filtre à terre à infusoires : 115 — Le filtre à sable : 117*
La filtration chimique de l'eau douce   118
— *La filtration sur tourbe : 119*

Le filtrage biologique de l'aquarium marin   122
Les ultra-violets   124
L'écumage   130

L'alimentation   133
— *La quantité : 133 — La qualité : 135*
Les nourritures sèches   136
— *Composition : 137 — Présentation : 137*
Les nourritures fraîches   138
— *Les viandes : 139 — La chair de poisson : 140 — Les œufs de poisson :
141 — Les moules : 141 — La salade et les épinards frais : 142*
Les nourritures congelées   144
Les nourritures vivantes   145
— *Les crustacés : 147 — Les daphnies : 147 — Les cyclopes : 148 —
L'Artemia salina : 149*
— *Les vers et larves 151 — Le ver de vase : 151 — Le tubifex : 152 —
L'arénicole : 153*
— *Les autres nourritures vivantes : 154 — Le petit poisson vivant : 154*
La nourriture de l'alevin   156
— *Les premières petites proies : 157*
— *Les différentes sortes d'infusoires : 158 — Les algues : 158 — Les proto-
zoaires :159 — Les rotifères : 160*
— *Les différentes cultures d'infusoires : 161 — Les cultures paresseuses :
161 — Les infusions : 161 — Le riz paddy : 162 — La culture sur blé : 162 —
Les cultures sur algues : 163*
— *Les nourritures de transition : 163 — Les cultures d'artémias : 163 — Les
anguillules ou micro-vers : 164 — Les vers grindal : 165*

Les maladies   166
— *Les limites de l'aquariophile : 166 — La reconnaissance des maladies :
167*
Les agents pathogènes   169
— *Les virus*   169
— *Les bactéries*   171
— *Les flagellés : 172 — Zooflagellés : 172 — Phytoflagellés (Oodinium) : 173
— Autres flagellés : 176*
— *Les protozoaires ciliés : 178 — Ichtyophthiriose : 179*
— *Les champignons : 180 — Saprolégnioses : 181*
— *Les vers*   182
— *Les crustacés : 184 — Lernées : 184 — Argulus : 186*
Les maladies de la nutrition   186
— *Les carences en vitamines : 186 — L'obésité : 187 — Les diarrhées : 187
— La constipation : 187*